劳务派遣服务标准与业务规范

弗布克管理咨询中心

编著

LABOR DISPATCH
SERVICE STANDARDS
AND
BUSINESS NORMS

化学工业出版社

·北京·

内容简介

《劳务派遣服务标准与业务规范》从劳务派遣公司的角度出发，详细介绍了劳务派遣运营各阶段的服务标准和工作规范，具有很强的实用性和可操作性。

《劳务派遣服务标准与业务规范》包括劳务派遣业务与公司组织设计、劳务派遣业务开拓工作规范、劳务派遣方式与工作规范、招聘服务工作规范、培训及资格认定服务工作规范、工资社保服务工作规范、合同协议与档案管理规范、被派遣员工管理工作规范、财务管理工作规范和纠纷处理工作规范等10个方面。

本书适合劳务派遣公司从业人员、企业管理者、人力资源管理人员、管理咨询人员、培训师以及高校相关专业师生使用。

图书在版编目（CIP）数据

劳务派遣服务标准与业务规范/弗布克管理咨询中心编著.—北京：化学工业出版社，2021.3（2023.10重印）
（劳务派遣服务与规范化管理系列）
ISBN 978-7-122-38324-2

Ⅰ.①劳⋯ Ⅱ.①弗⋯ Ⅲ.①劳务合作－劳动法－管理规范－中国 Ⅳ.①D922.5-65

中国版本图书馆CIP数据核字（2021）第017479号

责任编辑：王淑燕　　　　　　　　　　　　　装帧设计：史利平
责任校对：宋　玮

出版发行：化学工业出版社（北京市东城区青年湖南街13号　邮政编码100011）
印　　装：涿州市般润文化传播有限公司
710mm×1000mm　1/16　印张11¾　字数201千字　2023年10月北京第1版第3次印刷

购书咨询：010-64518888　　　　　　　　　　售后服务：010-64518899
网　　址：http://www.cip.com.cn
凡购买本书，如有缺损质量问题，本社销售中心负责调换。

定　　价：59.00元　　　　　　　　　　　　　　　版权所有　违者必究

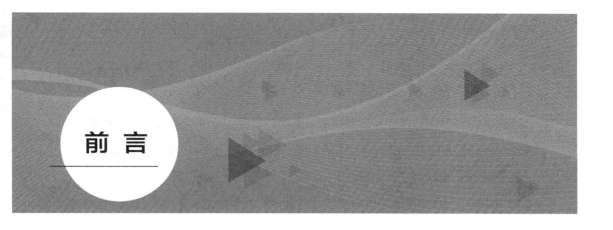

前言

  公司如何管好一项业务？个人如何干好一项工作？让制度管人，按流程做事，依标准规范，用模板提效，照方案执行。有制度，有流程，有标准，有模板，有方案，这是管好一项业务的"5有"；精细化，精进化，精益化，这是干好一项工作的"3精"。运营好一项业务，"5有"是基础，"3精"是保障。

  对于任何一项工作而言，标准和规范都非常重要。劳务派遣服务作为人力资源服务的一项重要工作，其服务标准与规范事关劳务派遣企业的管理水平、服务水平和企业竞争力，事关劳务派遣业务的执行水平和效率。

  近年来，伴随着中国经济的转型升级和劳动力市场的变化，劳务派遣公司如雨后春笋般涌现，正在成为人力资源服务业中重要的业态。为帮助劳务派遣公司提高运营效率，规范劳务派遣服务业务，我们按照"5有"和"3精"的工作原则，编写了《劳务派遣服务标准与业务规范》，希望本书能给劳务派遣类公司和人力资源服务类公司的服务及业务运营提供管理层面、运营层面、执行层面上的帮助。

  本书从劳务派遣业务的角度出发，详细介绍了劳务派遣业务基于人的服务标准和基于事的工作规范，具有很强的实用性、可操作性和参照性。

  本书包括劳务派遣业务与公司组织设计、劳务派遣业务开拓工作规范、劳务派遣方式与工作规范、招聘服务工作规范、培训及资格认定服务工作规范、工资社保服务工作规范、合同协议与档案管理规范、被派遣员工管理工作规范、财务管理工作规范和纠纷处理工作规范等10个方面，力求把劳务派遣公司的业务精细化，同时把业务执行精进化和精益化。

本书具有如下 3 大特点。

1. 有流程、有方法、有技巧

本书从劳务派遣公司实际出发，从业务部门职能、业务操作流程、业务服务标准、派遣业务技巧等方面进行设计，让劳务派遣业务开拓有流程、有方法、有技巧。

2. 知要求、懂规范、有标准

本书描述了 10 大派遣服务方式的实施要求、操作规范、工作须知和注意事项，让劳务派遣管理者操作起来知要求、懂规范、有标准。

3. 精细化、清晰化、模板化

本书将招聘服务、培训及资格认定服务、工资社保服务、合同协议与档案管理、被派遣员工管理、财务管理及纠纷处理 7 大劳务派遣服务过程的重点环节精细化、清晰化、模板化。

本书适合劳务派遣公司从业人员、企业管理者、人力资源管理人员、管理咨询人员、培训师以及高校相关专业师生使用。

在本书的编写过程中，程淑丽编写了本书的第 1～4 章，张丽萍编写了第 5 章，张小会编写了第 6～7 章，贾月编写了第 8～10 章。全书由弗布克管理咨询中心统撰定稿。

本书在编写的过程中难免有不妥之处，望广大读者批评指正。

编著者

2020 年 10 月

目 录

第1章 劳务派遣业务与公司组织设计 001

1.1 劳务派遣业务 002
1.1.1 劳务派遣的概念 002
1.1.2 劳务派遣业务范围 002

1.2 劳务派遣业务部门设计 004
1.2.1 市场部 004
1.2.2 招聘部 005
1.2.3 培训部 006
1.2.4 劳务派遣部 006
1.2.5 客户服务部 007

1.3 劳务派遣公司组织结构设计 008
1.3.1 通用组织结构设计 008
1.3.2 典型劳务派遣公司组织结构设计 009

第2章 劳务派遣业务开拓工作规范 011

2.1 劳务派遣业务拓展 012
2.1.1 劳务派遣业务拓展流程 012
2.1.2 劳务派遣业务拓展方法 012
2.1.3 劳务派遣业务拓展技巧 013

2.2 劳务派遣业务洽谈 014
2.2.1 劳务派遣业务洽谈流程 014

  2.2.2 劳务派遣业务服务标准 014
  2.2.3 劳务派遣业务洽谈技巧 016
 2.3 客户关系维护 017
  2.3.1 客户关系维护流程 017
  2.3.2 客户关系维护技巧 019

第 3 章　劳务派遣方式与工作规范 020

 3.1 完全派遣服务规范 021
  3.1.1 完全派遣实施要求 021
  3.1.2 完全派遣操作规范 022
  3.1.3 完全派遣工作考核 024
  3.1.4 完全派遣注意事项 026
 3.2 短期派遣服务规范 027
  3.2.1 短期派遣实施要求 027
  3.2.2 短期派遣操作规范 028
  3.2.3 短期派遣工作须知 030
 3.3 项目派遣服务规范 030
  3.3.1 项目派遣实施要求 030
  3.3.2 项目派遣操作规范 031
  3.3.3 项目派遣关键事项 033
 3.4 试用派遣服务规范 033
  3.4.1 试用派遣实施要求 033
  3.4.2 试用派遣操作规范 033
  3.4.3 试用派遣注意事项 035
 3.5 减员派遣服务规范 036
  3.5.1 减员派遣实施要求 036
  3.5.2 减员派遣操作规范 036
  3.5.3 减员派遣注意事项 039
 3.6 转移派遣服务规范 040
  3.6.1 转移派遣实施要求 040

  3.6.2　转移派遣操作规范　　　　　　　　　　040
  3.6.3　转移派遣问题处理　　　　　　　　　　042
 3.7　晚间派遣服务规范　　　　　　　　　　　　042
  3.7.1　晚间派遣实施要求　　　　　　　　　　042
  3.7.2　晚间派遣操作规范　　　　　　　　　　043
  3.7.3　晚间派遣注意事项　　　　　　　　　　045
 3.8　集体派遣服务规范　　　　　　　　　　　　045
  3.8.1　集体派遣实施要求　　　　　　　　　　045
  3.8.2　集体派遣操作规范　　　　　　　　　　046
  3.8.3　集体派遣注意事项　　　　　　　　　　047
 3.9　钟点派遣服务规范　　　　　　　　　　　　048
  3.9.1　钟点派遣实施要求　　　　　　　　　　048
  3.9.2　钟点派遣操作规范　　　　　　　　　　048
  3.9.3　钟点派遣注意事项　　　　　　　　　　050
 3.10　双休日派遣服务规范　　　　　　　　　　051
  3.10.1　双休日派遣实施要求　　　　　　　　051
  3.10.2　双休日派遣操作规范　　　　　　　　051
  3.10.3　双休日派遣注意问题　　　　　　　　053

第 4 章　招聘服务工作规范　　　　　　　　　　055

 4.1　招聘服务工作规范　　　　　　　　　　　　056
  4.1.1　招聘服务流程　　　　　　　　　　　　056
  4.1.2　招聘服务标准　　　　　　　　　　　　056
  4.1.3　招聘实施要点　　　　　　　　　　　　058
  4.1.4　招聘服务工作考核　　　　　　　　　　058
 4.2　校园招聘服务工作规范　　　　　　　　　　060
  4.2.1　校园招聘服务流程　　　　　　　　　　060
  4.2.2　校园招聘服务标准　　　　　　　　　　060
  4.2.3　校园服务工作考核　　　　　　　　　　062
 4.3　专场招聘服务工作规范　　　　　　　　　　064

　　　　4.3.1　专场招聘服务流程　　　　　　　　064
　　　　4.3.2　专场招聘服务标准　　　　　　　　065
　　　　4.3.3　专场服务工作考核　　　　　　　　066
　　4.4　网络招聘服务工作规范　　　　　　　　　068
　　　　4.4.1　网络招聘服务流程　　　　　　　　068
　　　　4.4.2　网络招聘服务标准　　　　　　　　068
　　　　4.4.3　网络服务工作考核　　　　　　　　070

第 5 章　培训及资格认定服务工作规范　　　072

　　5.1　代理培训服务工作规范　　　　　　　　　073
　　　　5.1.1　代理培训服务流程　　　　　　　　073
　　　　5.1.2　代理培训服务标准　　　　　　　　073
　　　　5.1.3　代理培训实施要点　　　　　　　　075
　　5.2　择业指导咨询服务工作规范　　　　　　　075
　　　　5.2.1　择业指导咨询服务标准　　　　　　075
　　　　5.2.2　择业指导咨询工作规范　　　　　　076
　　5.3　承办专业技术资格认定服务工作规范　　　078
　　　　5.3.1　承办专业技术资格认定工作标准　　078
　　　　5.3.2　承办专业技术资格认定工作规范　　078

第 6 章　工资社保服务工作规范　　　　　　080

　　6.1　工资代发服务工作规范　　　　　　　　　081
　　　　6.1.1　工资代发服务流程　　　　　　　　081
　　　　6.1.2　工资代发服务标准　　　　　　　　081
　　　　6.1.3　工资代发操作规范　　　　　　　　083
　　　　6.1.4　工资代发注意事项　　　　　　　　084
　　6.2　社保办理服务工作规范　　　　　　　　　085
　　　　6.2.1　社保办理服务标准　　　　　　　　085
　　　　6.2.2　社保办理工作规范　　　　　　　　085
　　　　6.2.3　社保办理工作须知　　　　　　　　086

6.3 商业医疗补充保险办理服务工作规范　　087
6.3.1 商业医疗补充保险办理服务标准　　087
6.3.2 商业医疗补充保险办理工作规范　　087
6.3.3 商业医疗补充保险办理关键事项　　088

第7章 合同协议与档案管理规范　　090

7.1 派遣合同签订与变更　　091
7.1.1 派遣合同签订与变更工作流程　　091
7.1.2 派遣合同签订与变更操作规范　　092
7.1.3 派遣合同签订与变更实施要点　　093
7.2 派遣合同终止与解除　　094
7.2.1 派遣合同终止与解除工作流程　　094
7.2.2 派遣合同终止与解除操作规范　　096
7.2.3 派遣合同终止与解除注意要点　　097
7.3 派遣协议签订与变更　　098
7.3.1 派遣协议签订与变更工作流程　　098
7.3.2 派遣协议签订与变更操作规范　　098
7.3.3 派遣协议签订与变更实施要点　　101
7.4 派遣协议终止与解除　　102
7.4.1 派遣协议终止与解除操作规范　　102
7.4.2 派遣协议终止与解除注意事项　　103
7.5 被派遣人员档案管理服务标准与工作规范　　104
7.5.1 档案管理服务流程　　104
7.5.2 档案管理服务标准　　104
7.5.3 档案管理关键事项　　106
7.5.4 档案管理工作规定　　107

第8章 被派遣员工管理工作规范　　109

8.1 入职培训工作规范　　110
8.1.1 入职培训工作流程　　110

- 8.1.2 入职培训工作标准 … 110
- 8.1.3 入职培训实施要点 … 112
- 8.1.4 入职培训工作考核 … 112
- 8.1.5 入职培训管理制度 … 114

8.2 专业技术培训工作规范 … 115
- 8.2.1 专业技术培训工作流程 … 115
- 8.2.2 专业技术培训工作标准 … 117
- 8.2.3 专业技术培训注意事项 … 117
- 8.2.4 专业技术培训工作考核 … 118

8.3 职业技能培训工作规范 … 119
- 8.3.1 职业技能培训工作标准 … 119
- 8.3.2 职业技能培训实施规范 … 120
- 8.3.3 职业技能培训实施要点 … 121

8.4 岗位调整工作规范 … 122
- 8.4.1 岗位调整实施流程 … 122
- 8.4.2 岗位调整实施规范 … 123
- 8.4.3 岗位调整注意事项 … 124

8.5 被派遣员工考勤管理工作规范 … 125
- 8.5.1 被派遣员工考勤管理工作流程 … 125
- 8.5.2 被派遣员工考勤管理工作标准 … 125
- 8.5.3 被派遣员工考勤管理工作要点 … 125

8.6 被派遣员工考核工作规范 … 127
- 8.6.1 被派遣员工考核实施流程 … 127
- 8.6.2 被派遣员工考核工作标准 … 127
- 8.6.3 被派遣员工考核实施要点 … 129
- 8.6.4 被派遣员工考核实施办法 … 129

8.7 被派遣员工休假管理工作规范 … 133
- 8.7.1 被派遣员工休假管理工作标准 … 133
- 8.7.2 被派遣员工休假管理问题解决 … 135

8.8 驻点管理工作规范 … 136
- 8.8.1 驻点管理工作标准 … 136

　　　　8.8.2　驻点管理关键问题　　　　　　　　　　　　　136
　　8.9　被派遣员工劳动纪律管理工作规范　　　　　　　　　137
　　　　8.9.1　被派遣员工劳动纪律管理标准　　　　　　　　137
　　　　8.9.2　被派遣员工劳动纪律管理规范　　　　　　　　137
　　8.10　被派遣员工劳动保护管理工作规范　　　　　　　　139
　　　　8.10.1　被派遣员工劳动保护管理流程　　　　　　　139
　　　　8.10.2　被派遣员工劳动保护管理标准　　　　　　　139
　　　　8.10.3　被派遣员工劳动保护管理要点　　　　　　　141
　　8.11　被派遣员工工资支付管理工作规范　　　　　　　　142
　　　　8.11.1　被派遣员工工资支付操作流程　　　　　　　142
　　　　8.11.2　被派遣员工工资支付管理标准　　　　　　　142
　　　　8.11.3　被派遣员工工资支付注意事项　　　　　　　144
　　　　8.11.4　被派遣员工薪酬管理办法　　　　　　　　　144
　　8.12　被派遣员工工伤处理工作规范　　　　　　　　　　146
　　　　8.12.1　被派遣员工工伤处理标准　　　　　　　　　146
　　　　8.12.2　被派遣员工工伤处理规范　　　　　　　　　147
　　8.13　被派遣员工退回处理工作规范　　　　　　　　　　149
　　　　8.13.1　被派遣员工退回处理标准　　　　　　　　　149
　　　　8.13.2　被派遣员工退回处理规范　　　　　　　　　150
　　8.14　被派遣员工辞职管理工作规范　　　　　　　　　　152
　　　　8.14.1　被派遣员工辞职管理工作流程　　　　　　　152
　　　　8.14.2　被派遣员工辞职管理工作标准　　　　　　　152
　　　　8.14.3　被派遣员工辞职管理操作须知　　　　　　　154
　　8.15　被派遣员工辞退管理工作规范　　　　　　　　　　155
　　　　8.15.1　被派遣员工辞退管理工作流程　　　　　　　155
　　　　8.15.2　被派遣员工辞退管理工作标准　　　　　　　155
　　　　8.15.3　被派遣员工辞退管理注意事项　　　　　　　158

第 9 章　财务管理工作规范　　　　　　　　　　　　　　160

　　9.1　派遣费用收费工作规范　　　　　　　　　　　　　　161
　　　　9.1.1　派遣费用收取流程　　　　　　　　　　　　　161

  9.1.2 派遣费用收取工作须知   162
  9.1.3 派遣费用收取服务规范   162
 9.2 派遣费用结算工作规范   164
  9.2.1 派遣费用结算工作标准   164
  9.2.2 派遣费用结算注意事项   164
 9.3 账务处理工作规范   165
  9.3.1 账务处理工作要求   165
  9.3.2 账务处理操作规范   166
  9.3.3 账务处理关键事项   167

第10章 纠纷处理工作规范 169

 10.1 劳动纠纷处理工作规范   170
  10.1.1 劳动纠纷处理工作标准   170
  10.1.2 劳动纠纷处理注意事项   171
 10.2 商业信息泄密纠纷处理工作规范   172
  10.2.1 商业信息泄密纠纷处理工作标准   172
  10.2.2 商业信息泄密纠纷处理操作规范   173

参考文献 175

第1章

劳务派遣业务与公司组织设计

1.1 劳务派遣业务

1.1.1 劳务派遣的概念

劳务派遣是指派遣单位与被派遣劳动者签订劳动合同，然后向用工单位派出该员工，使其在用工单位的工作场所劳动，接受用工单位指挥、监督，以完成劳动力和生产资料相结合的一种用工形式。

（1）派遣单位

派遣单位需要具有《劳务派遣经营许可证》，与被派遣员工直接签订劳动合同，按照用工单位需求，派遣合适人员至用工单位。

（2）被派遣员工

被派遣员工与派遣单位签订劳动合同，与派遣单位形成劳动关系，被派遣单位派遣至用工单位。

（3）用工单位

用工单位向派遣单位提出被派遣员工需求，与派遣单位签订劳务派遣协议，针对被派遣员工以劳务派遣形式进行用工。

1.1.2 劳务派遣业务范围

劳务派遣业务范围包括被派遣人员招聘、被派遣人员培训、入职办理、工资代发、社保办理、公积金缴存、被派遣员工管理、职业发展管理、工伤及意外事故处理、离职办理、劳动争议处理等。

（1）被派遣人员招聘

　　劳务派遣公司根据用工单位提出的用工需求，制订招聘方案，通过校园招聘专场招聘、网络招聘等方式发布招聘信息，筛选候选人；组织符合要求的笔试面试；组织候选人体检并进行背景调查；与用工单位确定录用被派遣劳动者。

（2）被派遣人员培训

　　劳务派遣公司通知被派遣劳动者参加上岗知识、安全教育、规章制度等培训；安排培训场地、课程和师资，提供培训教材等；提供培训现场管理服务；根据用工单位需求，组织被派遣劳动者培训考核。

（3）入职办理

　　通知被派遣劳动者办理入职手续，收集被派遣员工个人信息和相关证件资料；与被派遣员工签订劳动合同，办理社会保险、住房公积金等相关手续；组织被派遣劳动者学习劳务派遣公司和用工单位相关规章制度、操作规程等；组织被派遣劳动者按时到岗，接受用工单位的工作安排。

（4）工资代发

　　每月依法按时足额支付被派遣员工工资，并依法代扣代缴个人所得税等；工资发放后，及时向被派遣员工提供工资清单，并由被派遣员工签收。

（5）社保办理

　　依法为被派遣员工缴存养老保险、医疗保险、工伤保险、失业保险和生育保险；及时根据当月被派遣员工人员变动情况进行社会保险申报及停缴等操作。

（6）公积金缴存

　　与用工单位协商确定缴存年度内被派遣员工住房公积金缴存比例；为被派遣员工按时足额缴存住房公积金；及时根据当月被派遣员工人员变动情况进行住房公积金申报及停缴等操作。

（7）被派遣员工日常管理

日常管理包括建立被派遣员工个人档案，协助用工单位对被派遣员工进行考勤管理，协助用工单位安排被派遣员工食宿、发放劳保用品等。

（8）职业发展管理

组织被派遣员工参加职业技能培训和继续教育，拓宽被派遣员工的职业发展通道。

（9）工伤及意外事故处理

及时与用工单位沟通处理事故，了解被派遣员工伤亡情况，将伤者立即送往就近的医疗机构抢救并到定点医院救治，处理后续申报工伤、理赔等事宜。

（10）离职办理

被派遣员工劳动合同解除或终止时，应及时办理离职手续。将被派遣员工离职情况通知用工单位，及时办理社会保险、住房公积金和商业保险停缴手续。

（11）劳动争议处理

了解被派遣员工诉求和事实情况，与用工单位沟通，制订劳动争议解决方案。与被派遣员工协商，妥善解决劳动争议。

1.2 劳务派遣业务部门设计

1.2.1 市场部

（1）部门设置的基本目标

市场部的基本目标是根据劳务派遣公司的经营发展目标，围绕劳动力需求市场中的目标用工企业，开展与劳务派遣业务相关的市场运作活动以达成劳动派遣合作，签订派遣协议，并促进企业品牌推广，扩大企业影响力。

（2）部门设置的主要职能

市场部的只能主要包括以下三个方面。

① 市场开拓。市场调研与分析组织实施市场调查活动，收集各类市场信息（包括劳动力市场需求状况、用工单位资料、竞争对手情况、劳务派遣情况等）并在此基础上进行归纳分析；与用工单位接触并建立联系，挖掘劳动力派遣需求，积极推进劳动派遣合作；与用工单位进行业务谈判，洽谈、协商劳动派遣合作项目，达成劳务派遣业务目标；维护与用工单位的客户关系，保证忠诚度。

② 品牌推广。市场品牌宣传与推广，扩大知名度，吸引需求；协助处理劳务派遣业务与服务投诉事件。

③ 业务达成。市场部负责与用工单位达成派遣意向，签订派遣协议。

1.2.2　招聘部

（1）部门设置的基本目标

根据劳务派遣公司发展战略的要求和外部用工单位方的用人需要，有计划地挖掘候选人，决定并实施招聘事宜，为员工进行试岗试配，发挥每个人才的最大价值，为企业创造利益，确保企业战略目标的实现。

（2）部门设置的主要职能

① 企业内部招聘

a. 明确劳务派遣公司内部人才需求，建立公司人才库，确保公司顺畅运行。

b. 建立劳务派遣公司各岗位设置方案，进行定岗、定编、定责工作。

c. 制订劳务派遣公司内部人才招聘方案，并通过各种招聘手段实施招聘行为。

② 劳务派遣招聘

a. 了解外部用工单位的人才需求，建立外部用工单位需求信息库。

b. 根据外部用工单位的人才需求，广泛搜集符合特征的候选人，建立人才库。

c. 制定外部用工单位的人岗适配方案，为用工单位推荐候选人或输送候选人。

d. 了解人才信息库内候选人的求职需求，为其推荐介绍符合特征的用工单位，促进双方达成合作。

1.2.3 培训部

(1) 部门设置的基本目标

根据劳务派遣公司的发展需求，对公司内部相关人员进行各方面培训，提高员工工作能力，增加员工工作效率；根据外部用工单位的要求和待派遣候选人的实际情况，对候选人进行针对性的岗前培训及技术培训，帮助其快速适应岗位，更好地完成工作任务。

(2) 部门设置的主要职能

① 内部培训

a. 了解劳务派遣公司的需求，科学合理地制订培训计划，建立公司培训体系。

b. 通过各种培训手段，对劳务派遣公司内部员工进行培训并考核培训效果。

c. 收集、评估培训效果，妥善保管培训资料。

② 被派遣人员培训

a. 根据外部用工单位的实际要求和待被派遣候选人的实际情况，针对性地制订培训计划。

b. 通过各种培训手段，对待被派遣员工进行培训并考核培训效果。

c. 协助待被派遣员工完成职业资格认定、职业技能培训等岗前准备工作。

d. 收集、评估培训效果，妥善保管培训资料。

1.2.4 劳务派遣部

(1) 部门设置的基本目标

为科学高效完成劳务派遣公司的核心业务，单独设立劳务派遣部，统筹处理劳务派遣业务的各项事宜，与用工单位和候选人建立长期良好的合作关系，推动公司业务发展，为公司创造更多利益。

(2) 部门设置的主要职能

① 负责发展和维护外部用工单位，为公司争取更多的合作关系，增加公司

业务。

② 负责外部用工单位人才需求信息的发布与宣传,对待被派遣候选人进行职业规划和就业指导,组织安排候选人的报名、面试、体检事宜,将待上岗候选人护送到达相应用工单位。

1.2.5 客户服务部

(1)部门设置的基本目标

根据劳务派遣公司的发展需求,做好劳务派遣协议期间的各种服务性工作,如工资代发数据核对的沟通性工作、被派遣员工后续社保等相关事务的处理。

(2)部门设置的主要职能

劳务派遣公司客户服务工作的核心价值,就是通过提供完善、良好的服务,帮助用工单位解决劳务派遣过程中出现的问题,提高用工单位满意度;用时,客户服务部在劳务派遣过程中需为被派遣员工提供后续跟进服务。

① 对内职能。劳务派遣公司客户服务部应在企业内部建立完善的客户服务标准体系,履行如下对内职能。

a. 负责制订客户服务原则与客户服务标准,协调沟通企业各部门之间的工作等,为客户提供优质服务。

b. 负责新客户服务人员的业务岗位培训以及客户服务人员的服务业绩考核等工作。

c. 负责制订各种标准的业务工作流程,并对客户服务人员进行流程培训,使之熟悉掌握各种工作流程,提高客户服务人员的工作效率。

d. 负责详细记录客户的基本情况和需求情况以及所提意见、建议的次数及内容,并进行分类分项统计。

e. 负责归集业务系统信息,把握业务系统总体情况,不断提高业务的管理水平和工作效率,提高客户满意度。

② 对外职能。在服务同质化日趋明显的今天,劳务派遣企业之间的竞争已经从简单的服务价格的竞争,转入服务能力和服务水平的竞争。劳务派遣企业只有在客户服务上深入研究、加大投入,不断为客户提供超值服务,努力提高客户满意度,才能建立和保持自己的竞争优势。这就要求劳务派遣企业客户服务部对外积极

履行如下的职能。

a. 负责收集和整理企业的产品或服务使用后的客户反馈信息，为企业相关部门改进产品或服务质量提供可靠的依据。

b. 负责进行客户信息调查和管理，尤其是客户信用状况的调查和管理，并对收集的客户信息进行整理和归档，建立有用的客户信息库。

c. 负责受理和处理客户投诉，解除企业与客户的纠纷，提高客户满意度，维护企业的信誉和形象。

d. 负责收集客户的提案建议，并对客户的提案进行审核、评估和实施，为企业未来的发展提供各种宝贵建议。

e. 负责提出并执行企业的售后服务措施，制订、修改和实施相关售后服务标准、计划与政策，是企业售后服务工作的具体指导和监督部门。

f. 负责设立服务咨询窗口，为用工单位和被派遣人员提供咨询服务，帮助客户发现和解决各种劳务派遣服务提供过程中的各种问题，促进企业与客户的有效沟通。

g. 负责被派遣员工的薪酬管理、档案管理、社保公积金管理、劳动合同签订等一系列的管理与服务。

h. 负责开通服务热线，向客户提供全天候服务，定时电话访问、定时配送、定时回访客户。

i. 负责加强企业服务硬件设施建设，为客户提供宽敞、舒适的服务环境。

j. 为派遣完成且已上岗的被派遣员工提供跟踪管理服务。

1.3 劳务派遣公司组织结构设计

1.3.1 通用组织结构设计

组织结构设计是指以企业组织结构为核心，进行组织系统整体设计的工作，是建立或改造一个组织的过程，是把任务、流程、权力和责任进行有效组合和协调的活动。劳务派遣企业组织结构的主要功能在于分工和协调，通过组织结构的设计或调整，可以将企业经营目标和管理战略转换成某一体系，与企业日常生产经营活动相融合，以保证企业战略目标的实现。

(1) 组织结构设计要点

企业内部的部门是承担某种职能模块的载体，按一定的原则把它们组合在一起，便表现为组织结构。组织结构设计是一个动态的工作过程，包含了众多的工作内容。劳务派遣企业在设计组织结构时，应注意以下几方面的内容。

① 整体设计应紧扣企业的发展战略，充分考虑企业未来所要从事的行业、规模、技术以及人力资源配置，为企业提供一个相对稳定且实用的平台。

② 企业组织结构的设计要充分考虑内外部环境，使企业组织结构适应于外部环境，谋求企业内外部资源的优化配置。

③ 企业组织结构设计应力求均衡，不能因企业现阶段没有要求而合并部门和职能，在企业运行一段时间后再重新进行设计。

④ 企业组织结构设计要突出企业现阶段的重点工作和重点部门。

⑤ 企业组织结构设计要综合考虑企业现有的人力资源状况以及企业未来几年对人力资源素质、数量等方面的需求，不能因人设岗，因岗找事。

⑥ 企业组织结构设计要适应企业的执行能力，不能脱离企业实际进行设计，使企业为适应新的组织结构而严重影响正常工作的开展。

(2) 影响组织结构设计的因素

劳务派遣企业组织结构是企业建立内部运行秩序，实现各项构成要素配置的组合形态，其形式是复杂多样的。组织结构合不合理，对企业有非常大的影响。影响企业组织结构的因素有很多，常见的有企业所处的生命周期、企业业务特点、人员素质、企业自身演变历史、企业规模、企业战略决策、企业环境因素等。

1.3.2 典型劳务派遣公司组织结构设计

下面就以较大型劳务派遣公司为例，对企业整体的组织结构进行介绍，供劳务派遣公司参考，如图 1-1 所示。

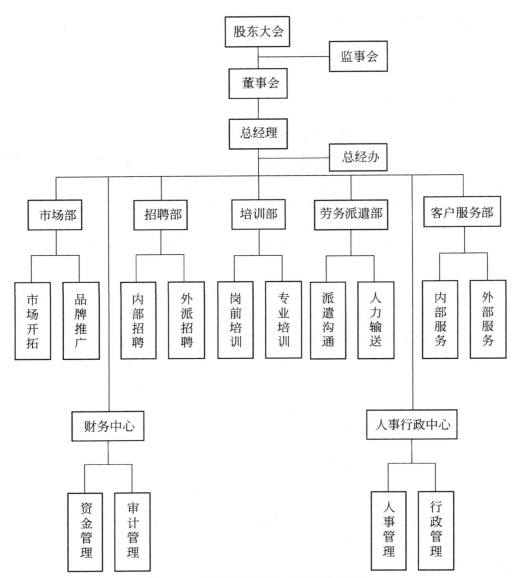

图 1-1　典型劳务派遣公司组织结构设计

第2章

劳务派遣业务开拓工作规范

2.1 劳务派遣业务拓展

2.1.1 劳务派遣业务拓展流程

劳务派遣业务拓展流程如图 2-1 所示。

2.1.2 劳务派遣业务拓展方法

（1）方法一：网络拓展法

网络拓展法是劳务派遣公司业务拓展的一种方法，主要是通过网络平台推广公司从而获得业务的方法。

现在网络推广已成为公司业务拓展的不二选择，劳务派遣公司可借助网络平台推广公司形象、宣传公司产品，让更多人知道公司的业务，以达到快速占领劳务市场的目的。

网络的推广平台分为文字类、视频类、音频类。文字类平台有微博、小红书、今日头条、知乎、微信等。视频类平台有抖音、快手、B站等。音频类平台有喜马拉雅等。

（2）方法二：熟人拓展法

熟人拓展法是公司业务拓展最传统的方法，主要是通过公司员工、老客户等公司相对较熟识的人的推荐而获得业务的方法。

劳务派遣业务人员可以通过公司的老客户或者身边的亲朋好友的转介绍，从而扩大自己的客户群。

（3）方法三：招聘网站利用法

招聘网站利用法是指利用招聘网站的信息获取目标客户的情况从而拓展公司业

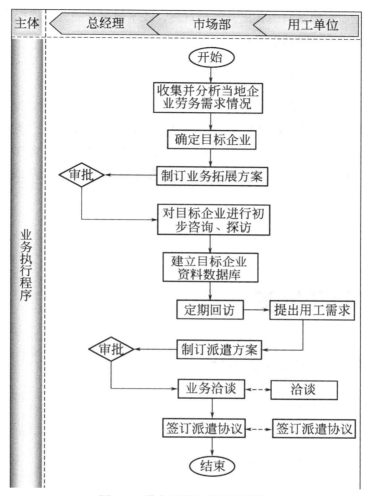

图 2-1 劳务派遣业务拓展流程

务的方法。

劳务派遣业务人员首先通过招聘网站收集当地公司劳务需求情况，然后分析确定目标客户，最后对目标企业进行初步咨询、探访，从而扩展新的业务。

2.1.3 劳务派遣业务拓展技巧

（1）技巧一：直接拜访

直接拜访就是劳务派遣业务人员直接上门拜访的一种增加潜在客户的方法，这种方法能迅速地掌握客户的状况，比较直接，效率极高，同时也能提高劳务派遣业务人员的沟通能力，助其积累业务拓展经验。

（2）技巧二：电话拓展

电话能突破时间与空间的限制，是劳务派遣业务人员经济、有效地接触客户的工具。劳务派遣业务人员首先通过各种渠道获取潜在客户的联系方式，然后再制订计划进行电话拜访，例如，规定自己每天至少打 5 个电话给新客户，一年下来就能至少增加 1300 个与潜在客户接触的机会，预期有 13 家客户可能与自己发展成合作关系。

2.2 劳务派遣业务洽谈

2.2.1 劳务派遣业务洽谈流程

劳务派遣业务洽谈流程如图 2-2 所示。

2.2.2 劳务派遣业务服务标准

（1）服务资质标准

经营劳务派遣业务，应当向所在地有许可管辖权的人力资源社会保障行政部门依法申请《劳务派遣经营许可证》。未经许可，任何单位和个人不得经营劳务派遣业务。

《劳务派遣经营许可证》应当载明单位名称、住所、法定代表人、注册资本、许可经营事项、有效期限、编号、发证机关以及发证日期等事项。《劳务派遣经营许可证》分为正本、副本。正本、副本具有同等法律效力。

《劳务派遣经营许可证》有效期为 3 年。

（2）服务收费标准

① 被派遣员工。根据《中华人民共和国劳动合同法》（下面简称《劳动合同法》）

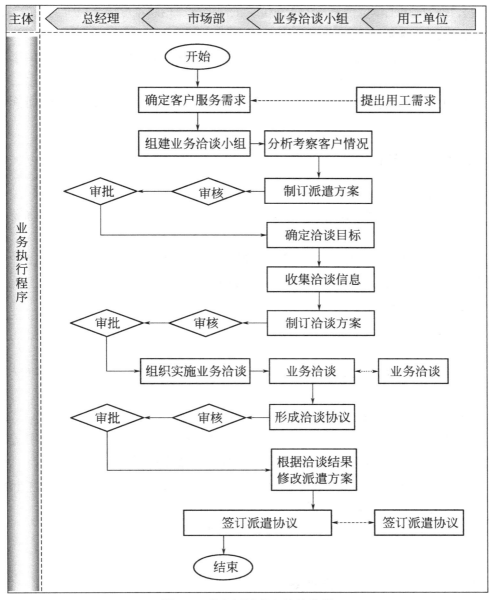

图 2-2 劳务派遣业务洽谈流程

规定,劳务派遣公司和用工单位不得向被派遣员工收取费用。

② 用工单位

a. 服务费用的标准:收费标准一般是每人____元/月。具体的收费标准是劳务派遣公司根据用工单位需要员工的岗位、工作强度、招聘难度综合报价，最后与用工单位双方协商确定的。

b. 结算时间和方式：用工单位每月____日前按照与劳务派遣公司约定的结算方式，向劳务派遣公司支付相应的费用。

c. 用工单位支付给劳务派遣公司的服务费用，劳务派遣公司必须开具服务费发票。

（3）服务内容标准

劳务派遣业务服务的内容主要有以下三点。

① 务派遣公司根据用工单位的用人需求，向用工单位提供符合条件的被派遣人员。

② 劳务派遣公司与被派遣人员签订派遣劳动合同，同时还负责发放工资，并办理五险一金以及后期离职、劳动争议的处理。

③ 人事代理服务。

（4）服务质量标准

① 招聘：劳务派遣公司根据用工单位提出的用人需求在____个工作日内入职到岗。

② 入职培训：让被派遣员工了解用工单位的管理制度、岗位职责。

③ 缴纳社会保险、住房公积金、商业保险并核算被派遣员工工资：每月及时缴纳社会保险、住房公积金及商业保险，并准确核算被派遣员工的工资。

④ 协调处理员工劳动争议：接到员工劳动争议后，应在____个工作日内处理，并将处理结果及时反馈给用工单位。

⑤ 人事代理服务：按照双方签订的人事代理协议执行。

2.2.3 劳务派遣业务洽谈技巧

（1）技巧一：掌握洽谈礼仪

① 业务洽谈人员的仪容仪表要求

a. 业务洽谈人员洽谈前应整理好自己的仪容仪表，穿着要整洁、正式、庄重。

b. 业务洽谈人员的头发、眼睛、口腔、指甲等必须保持清洁。

c. 业务洽谈人员服装应干净、整洁，不得有褶皱、有异味。
　　d. 女性洽谈时须化淡妆，保持素雅自然的容貌，不得化浓妆、异妆。
② 业务洽谈过程中的商务礼仪
　　a. 自我介绍时，要自然大方，不可有傲慢之意。受到介绍的人员应起立并微笑示意，交换名片时，要双手接递。
　　b. 业务洽谈人员注视对方时，目光应停留于对方双眼至前额的三角区域正方。手势自然，不宜乱打手势。切忌双臂在胸前交叉，显出傲慢无礼的姿态。
　　c. 业务洽谈人员要认真倾听对方谈话，细心观察对方举止表情，并适当给予回应，这样既可了解对方意图，又可表现出对对方的尊重与礼貌。

（2）技巧二：领会身体语言

业务洽谈人员在洽谈过程中要注意识别对方的身体语言，从中获得相应的信息。
① 从容、谨慎的言谈表明对方充满自信。
② 勉强的笑容和快速的语速表明对方紧张。
③ 手臂或腿交叉表示对方有防御性。

（3）技巧三：适当让步

业务洽谈人员适当让步时，应记住以下三点。
① 尽量只作最小的让步，并且减少后续让步。
② 设定洽谈目标，在作让步之前必须考虑到让步对目标造成的影响。
③ 不作无回报的让步。

2.3 客户关系维护

2.3.1 客户关系维护流程

客户关系维护流程如图 2-3 所示。

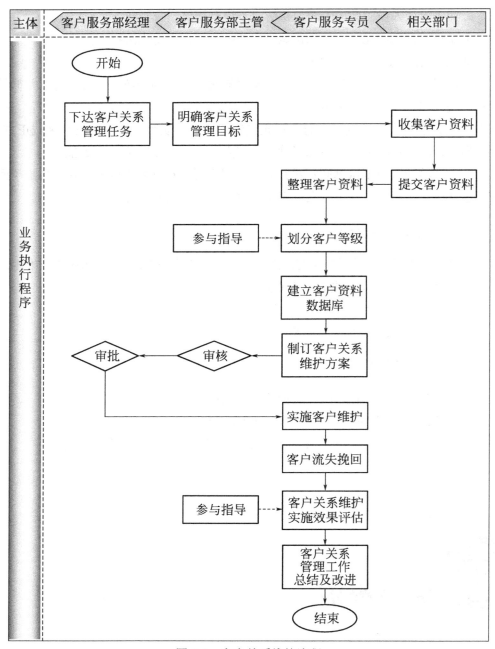

图 2-3 客户关系维护流程

2.3.2　客户关系维护技巧

(1) 技巧一：建立客户资料数据库

利用 CRM 系统存储客户数据，首先对客户进行分类，可分为潜在客户、目标客户和老客户。然后对不同类别的客户进行信息登记，主要包括客户的企业性质、规模、经营状况、产品及相关资质，客户的发展历史、企业文化、经营理念、信用状况、行业口碑，企业采用劳务派遣方式的原因，使用被派遣人员的期限、所从事的岗位、技能、工作数量、质量要求，使用被派遣人员所执行的工时制度和薪资待遇等，最后通过系统自动统计，分析客户的需求，这样业务人员能准确抓住客户的痛点，有目的性地维护客户关系。

(2) 技巧二：定期回访客户

市场部应该对潜在客户、目标客户以及老客户进行定期回访，通过回访与客户进行互动沟通，在完善客户数据库、维护客户关系的同时，也为进一步的业务拓展做好铺垫准备。

(3) 技巧三：节假日送祝福

市场部可以在国家法定年节假日期间向客户表达节日的祝福并赠送带有公司特点的小礼品，表示对客户的重视。

(4) 技巧四：做好售后跟进工作

市场部应定期进行客户满意度调查，针对有关问题进行书面信息反馈，并积极采取有效措施改进、完成，同时积极协助用工单位进行绩效考核、薪酬办法的制订，并开通咨询电话、电子邮箱，长期面向用工单位提供劳动人事政策、法律法规的咨询工作。

第3章

劳务派遣方式与工作规范

3.1 完全派遣服务规范

3.1.1 完全派遣实施要求

（1）资质要求

企业欲从事劳务派遣相关业务，根据相关规定，必须满足以下要求。

① 依法办理商事登记，取得营业执照，获得行政许可机关颁发的《劳务派遣经营许可证》或劳务派遣备案证明。

② 实缴注册资本不得少于人民币 200 万元整。

③ 具有与开展劳务派遣业务相适应的固定经营场所和设施，严格执行国家有关安全、消防、卫生等法律法规、标准和规范。

④ 具备符合法律法规规定的劳务派遣管理制度，自觉接受行政管理部门监督。

⑤ 具有与其开展劳务派遣经营活动和服务规模相适应的从业人员。从业人员应恪守职业道德，具备人力资源管理、客户服务等相关知识和技能。

（2）服务能力要求

完全派遣是劳务派遣公司负责被派遣员工整套派遣管理服务工作的劳务派遣形式，要求劳务派遣公司具备相应的服务能力，包括人员招聘与配置、人员培训、绩效考核、薪酬管理、人员管理、代缴社会保险与住房公积金、档案管理等。

（3）岗位条件要求

要求合作的用工单位能提供长期的、较为稳定的工作岗位。

（4）被派遣员工要求

要求被派遣员工具备相应的工作能力与职业素养，能接受完全派遣的管理形式。

3.1.2 完全派遣操作规范

完全派遣操作规范如表 3-1 所示。

表 3-1 完全派遣操作规范

制度名称	完全派遣操作规范	版　次	
		编制日期	
第 1 章　总则 第 1 条　目的 为规范公司完全派遣业务秩序，满足完全派遣业务实践与要求，特编制本规范。 第 2 条　适用范围 本规范适用于公司完全派遣相关业务。 第 2 章　操作规范 第 3 条　签订完全派遣协议 1. 了解潜在用工单位用工需求，与其形成初步合作意向。 2. 根据用工单位需求，制订完全派遣服务方案，确立合作关系。 3. 依法与用工单位签订完全派遣协议，完全派遣协议应至少包括以下内容。 （1）派遣的工作岗位名称和岗位性质； （2）工作地点； （3）被派遣人员数量和派遣期限； （4）按照同工同酬原则确定的劳动报酬数额和支付方式； （5）社会保险与住房公积金的数额和支付方式； （6）工作时间和休息休假事项； （7）被派遣人员工伤、生育或者患病期间的相关待遇； （8）劳动安全卫生以及培训等事项； （9）经济补偿等费用； （10）完全派遣协议期限； （11）完全派遣服务费的支付方式和标准； （12）违反完全派遣协议的责任； （13）法律、法规、规章规定应当纳入完全派遣协议的其他事项。 第 4 条　配置人员 1. 通过招聘配置人员。 （1）根据用工单位提出的用工数量、需求岗位、任职条件、到岗时间等需求，制订招聘方案； （2）通过校园招聘、专场招聘、网络招聘等方式，发布招聘信息，筛选候选人； （3）组织符合要求的候选人笔试、面试； （4）组织获得录取资格的候选人体检，并审验相关证件； （5）与用工单位确认后录用被派遣员工。			

续表

制度名称	完全派遣操作规范	版　次	
		编制日期	

2. 通过人员储备配置人员。
若公司已有符合条件的人员储备，则直接与用工单位确认。
第 5 条　签订劳动合同
1. 若被派遣员工为新招聘人员，则与其签订劳动合同，建立劳动关系。
2. 与被派遣员工签订的劳动合同应至少包括以下内容。
（1）劳动合同期限；
（2）工作内容；
（3）劳动保护和劳动条件；
（4）劳动报酬；
（5）劳动纪律；
（6）劳动合同终止的条件；
（7）违反劳动合同的责任等内容。
第 6 条　岗前培训
根据完全派遣协议确定的员工培训责任主体，由用工单位或公司对员工进行岗前培训。
1. 组织被派遣员工参加职业技能、企业文化、安全教育、规章制度等培训。
2. 安排培训场地、课程和师资，提供培训教材等。
3. 提供培训现场管理服务。
4. 组织被派遣员工培训考核。
5. 进行培训效果评估，建立培训档案，并将培训考核结果告知用工单位。
第 7 条　员工管理
根据完全派遣实际情况，存在以下两种员工管理情况。
1. 一般性员工管理。即安排相关人员专职负责被派遣员工日常管理工作，具体如下。
（1）建立被派遣员工个人档案，包括入职材料、劳动合同、培训记录、考勤记录、工资发放记录、社会保险缴纳记录及相关证明文件等资料；
（2）对被派遣员工进行考勤管理，或根据用工单位提供的考勤记录核定员工考勤情况；
（3）根据用工单位实际情况安排被派遣员工食宿、发放劳保用品等；
（4）为被派遣员工提供劳动保护和劳动安全卫生条件；
（5）对被派遣员工进行绩效考核；
（6）办理被派遣员工劳动合同续签、变更，以及解除或终止相关手续；
（7）按规定处理被派遣员工的退回事宜；
（8）其他情况。
2. 驻点管理人员。如有需要，对被派遣员工实行驻点管理。驻点管理人员对被派遣员工进行日常管理，内容与上述一般性员工管理一致。另须注意：
（1）驻点管理人员定期与用工单位和被派遣员工沟通，及时解决用工过程中出现的问题；
（2）公司及时向用工单位和驻点管理人员了解驻点管理情况，适时评估驻点管理效果，根据评估结果及时调整驻点管理工作。

续表

制度名称	完全派遣操作规范	版 次	
		编制日期	

第8条 费用结算
1. 根据被派遣员工考核情况，按照劳动合同约定，核算被派遣员工的工资、奖励、应缴社会保险、应缴住房公积金等费用。
2. 制作费用结算表，包括被派遣员工应支付工资金额、应缴纳社会保险与住房公积金费用、管理服务费及产生的其他费用，提交用工单位确认，并开具符合法律规定的票据送达用工单位。
3. 督促用工单位按劳务派遣协议约定日期支付相关费用。

第9条 工资支付
1. 按与被派遣员工签订的劳动合同有关约定按时足额支付被派遣员工工资，并依法代扣代缴个人所得税等。
2. 工资发放后，及时向被派遣员工提供工资清单，并确认被派遣员工签收。

第10条 缴纳社会保险
1. 依法为被派遣员工缴纳养老保险、医疗保险、工伤保险、失业保险和生育保险。
2. 及时根据当月被派遣员工人事变动情况进行社会保险申报及停缴等工作。

第11条 缴存住房公积金
1. 与用工单位协商确定缴存年度内被派遣员工住房公积金缴存比例，并为被派遣员工按时足额缴存住房公积金。
2. 及时根据当月被派遣员工人事变动情况进行住房公积金申报及停缴等工作。

第12条 购买商业保险
根据完全派遣协议约定，为被派遣员工购买意外伤害险等商业保险。

第13条 职业发展
组织被派遣员工参加职业技能培训和继续教育，拓宽被派遣员工的职业发展通道。

第3章 附则

第14条 若发生不在本规范之内的其他特殊情况，按照国家法律法规、公司相关规定以及完全派遣协议有关约定执行。
第15条 本规范由____部负责制订、解释和修订。
第16条 本规范自发布之日起实施。

3.1.3 完全派遣工作考核

完全派遣工作考核方案如表3-2所示。

表 3-2 完全派遣工作考核方案

制度名称	完全派遣工作考核方案	版　次	
		编制日期	

一、考核目的

为了提高劳务派遣部的工作质量，提升公司完全派遣业务的服务水平，特制订本方案。

二、适用范围

本方案适用于公司完全派遣工作的考核工作。

三、考核周期

公司对完全派遣工作的考核分为月度考核和年度考核。

1. 月度考核

公司依据劳务派遣部考核标准，对完全派遣工作实施月度考核，当月绩效考核时间在下月的____日至____日进行，遇节假日顺延。

2. 年度考核

公司依据劳务派遣部的考核标准，以及各月度的绩效考核结果，对劳务派遣部全年的完全派遣工作实施考核，考核期限为当年1月1日至12月31日，考试时间为下年度1月____日至____日。

四、考核内容

对完全派遣工作的考核主要从以下四个方面进行：派遣次数、被派遣员工数量、用工单位满意度、派遣成本。

五、考核实施程序

1. 制订考核计划

完全派遣工作的考核计划中应包括考核时间、考核内容、考核流程、考核技巧等内容。

2. 考核的实施

人事行政中心根据考核计划对完全派遣工作进行全面的考核，主要考核内容如下表所示。

劳务派遣部考核表

考核项目	考核指标	权重	考核标准	得分
派遣次数	与用工单位达成派遣合作的次数	30%	每低于目标值___次，减___分	
被派遣员工数量	累计被派遣员工的总数	30%	每低于目标值___%，减___分	
用工单位满意度	被派遣员工退回率	15%	每高于目标值___%，减___分	
	试用期合格率	15%	每低于目标值___%，减___分	
派遣成本	完全派遣服务中产生的费用	10%	每高出预算值___%，减___分	
考核得分合计				

3. 考核结果面谈

在考核结果进行统计定级后，人事行政中心在考核结果下达后____日内，以面谈的形式告知劳务派遣部经理，并在面谈中帮其确定改进方式和下阶段的目标。

续表

制度名称	完全派遣工作考核方案	版　次	
		编制日期	

4. 考核结果申诉

若劳务派遣部对考核结果有异议，必须在被告知考核结果后的＿＿＿日内以书面形式向人事行政中心提出申诉，过期将不予受理。

5. 考核结果应用

考核结果按评分分值划分为 5 个等级，如下表所示。

考核结果等级划分表

考核评分	90～100 分	80～89 分	70～79 分	60～69 分	59 分及以下
考核等级	A	B	C	D	E

3.1.4　完全派遣注意事项

完全派遣业务涉及劳务派遣公司、用工单位、被派遣员工三个利益体，各项关系较为复杂，在具体实施过程中，劳务派遣公司需要注意以下事项。

（1）资质是否合法齐全

国家对企业能否进行劳务派遣服务制订了明确标准，需要具备相应资质与证件，劳务派遣公司要确保资质合法、证件齐全，避免经营风险。

（2）合同、协议内容明确

劳务派遣公司发生完全派遣业务时，需要签订两份协议：一份是与用工单位签订的劳务派遣协议；另一份是与被派遣劳动者签订的劳动合同，劳务派遣公司要在两份协议中将各方权责划分清楚，避免产生不必要的纠纷。

（3）风险规避

完全派遣中劳务派遣公司管理服务的内容较多，需要承担更多的来自法律、管理、财务等风险，劳务派遣公司可选择一定方法将部分风险转移，比如商业保险等。

（4）服务能力

劳务派遣公司在与用工单位合作时，要充分考虑自身服务能力，对超出能力范围的内容，要及时与用工单位协商，尽量在服务能力范围之内开展完全派遣业务。

（5）用工单位背景调查

劳务派遣公司要充分调查欲合作的用工单位的经营现状，确保用工单位具有较好的盈利能力，同时，了解用工单位员工管理情况，确保无违规操作。

（6）被派遣员工背景调查

劳务派遣公司对被派遣员工要进行充分的背景调查，背景调查包括履职记录、离职原因、传染病史、职业信用等，这一点需要在招聘与筛选阶段完成，对被派遣员工进行背景调查有利于掌控用人风险，避免被派遣员工出现问题给用工单位与劳务派遣公司造成损失。

3.2 短期派遣服务规范

3.2.1 短期派遣实施要求

当用工单位临时需要一名或数名员工时，便可咨询劳务派遣公司为其提供短期派遣服务。短期派遣并非任何情况均能适用，需要明确短期派遣的形式。一般来讲，短期派遣分为以一定期限进行派遣与以完成某一个工作项目为依据进行派遣，派遣时间短，常见于用工单位业务旺季，或者某岗位因员工事假、产假等出现暂时性空缺的情况。根据以上特性，短期派遣实施有以下要求。

（1）资质要求

劳务派遣公司需要确认取得劳务派遣业务的相关资质。

（2）人员要求

短期派遣要求劳务派遣公司拥有较多的人才储备或较强的招聘能力，并且储备或招聘到的人才能接受短期派遣的派遣工作形式。

(3)时间要求

短期派遣具有时间短、需求急的特点，要求劳务派遣公司能及时快速地提供合适员工。

3.2.2 短期派遣操作规范

短期派遣操作规范如表3-3所示。

表3-3 短期派遣操作规范

制度名称	短期派遣操作规范	版　次	
		编制日期	

第1章　总则
第1条　目的 公司为规范公司短期派遣业务秩序，满足短期派遣业务实践与要求，特编制本规范。 第2条　适用范围 本规范适用于公司短期派遣相关业务。
第2章　操作规范
第3条　签订短期派遣协议 依法与用工单位签订短期派遣协议，由于短期派遣的特殊性，除一般派遣协议条款外，还需特别在协议中确认与约定以下内容。 　1. 确认短期派遣的形式。若是在一定期限内进行短期派遣，与用工单位约定短期派遣服务的持续时间，短期派遣的持续时间一般在____个月以内；若是以完成某一个工作项目为依据进行派遣，则需要约定项目完成标志。 　2. 若短期派遣目的是为了替代原正式员工事假、产假等出现暂时性空缺的情况，则需要特别约定短期派遣协议期满原正式员工仍无法回归岗位情况时的处理办法，是继续使用该被派遣员工、延长短期派遣协议，还是终止短期派遣协议、退回被派遣员工抑或是重新与公司签订短期派遣协议，选择其他人员进行派遣。 　3. 责任主体。应明确约定对被派遣员工进行绩效管理、培训管理、薪酬管理等事项的主体，是用工单位还是本公司。 第4条　配置人员 公司根据用工单位要求，从公司人员储备中或通过招聘方式选择合适的被派遣员工。 　1. 若公司通过招聘方式配置人员，则需要提前告知当次短期派遣服务的具体细节，并将其信息报用工单位确认。 　2. 若公司已有适合当次短期派遣的储备人员，则将其信息报用工单位确认。 第5条　签订劳动合同 若被派遣员工为新招聘人员，则与其签订劳动合同，建立劳动关系。

续表

制度名称	短期派遣操作规范	版 次	
		编制日期	

1. 公司应通知其办理入职手续，收集其个人信息和相关证件资料，与其签订劳动合同，办理社会保险、住房公积金等相关手续。
2. 根据《劳务派遣暂行规定》有关要求，劳务派遣公司应当依法与被派遣劳动者订立2年以上的固定期限书面劳动合同，而短期派遣协议期明显短于2年，因此，公司与被派遣劳动者签订劳动合同时，要特别约定当次短期派遣服务结束后被派遣员工的安置问题。

第6条 到岗与岗前培训
1. 公司组织被派遣员工按时到岗，接受用工单位的工作安排。
2. 根据短期派遣实际业务需要与短期派遣协议有关约定，由用工单位或公司组织被派遣员工参加企业文化、安全教育、规章制度等方面的培训，并组织培训考核，进行培训效果评估，建立培训档案。

第7条 员工管理
根据公司与用工单位签订的短期派遣协议，被派遣员工管理可分为以下两种情况。
1. 完全派遣模式。即公司负责被派遣员工整套派遣管理服务工作，包括入职管理、培训管理、薪酬管理、日常管理等。
2. 不完全派遣模式。即公司只负责被派遣员工的部分模块管理，其余内容由用工单位根据实际情况管理。

第8条 费用结算
1. 根据被派遣员工考核情况，按照劳动合同约定，核算被派遣员工的工资、奖励，也一并核算应缴社会保险、应缴住房公积金等其他费用。
2. 制作费用结算表，包括被派遣员工应支付工资金额、应缴纳社会保险与住房公积金费用、管理服务费及产生的其他费用，提交用工单位确认，并开具符合法律规定的票据送达用工单位。
3. 督促用工单位按短期派遣协议约定日期支付相关费用。

第9条 工资支付
1. 按与被派遣员工签订的劳动合同有关约定按时足额支付被派遣员工工资，并依法代扣代缴个人所得税等。
2. 工资发放后，及时向被派遣员工提供工资清单，并确认被派遣员工签收。

第10条 缴纳社会保险与住房公积金
1. 依法为被派遣员工缴纳养老保险、医疗保险、工伤保险、失业保险、生育保险以及住房公积金，住房公积金要事先约定缴纳比例，并及时根据当月被派遣员工人事变动情况进行社会保险与住房公积金的申报及停缴等工作。
2. 应当注意，当短期派遣服务结束，公司应继续为被派遣员工缴纳社会保险与住房公积金，不得以派遣期结束为由停止缴纳。

第3章 附则
第11条 若发生不在本规范之内的其他特殊情况，按照国家法律法规、公司相关规定以及短期派遣协议有关约定执行。
第12条 本规范由____部负责制订、解释和修订。
第13条 本规范自发布之日起实施。

3.2.3 短期派遣工作须知

相比传统劳务派遣服务，短期派遣服务更加方便灵活，因此成为不少用工单位弥补暂时性人才缺失常用的解决方式，劳务派遣公司也可从短期派遣服务中获得较大收益。但是，由于短期派遣服务形式的特殊性，劳务派遣公司在开展短期派遣业务时需要注意以下几点。

① 短期派遣虽然方便灵活，但是存在不稳定、大量退回的风险，因此劳务派遣公司要与用工单位在劳务派遣协议中明确约定员工管理相关细节。

② 短期派遣因工作时间较短、不固定，可能对派遣服务质量造成影响，劳务派遣公司在派遣员工前一定要进行充分的岗前培训。

③ 短期派遣的被派遣员工可能在一定时期内辗转多家用工单位，可能造成商业信息泄露以及合同纠纷等问题，劳务派遣公司一定要对每个被派遣员工进行清晰的档案管理。

3.3 项目派遣服务规范

3.3.1 项目派遣实施要求

项目派遣是指劳务派遣公司为用工单位以项目运作的方式派遣专业人才提供阶段性的项目服务，项目结束，派遣服务相应结束。根据其派遣形式特殊性，项目派遣实施有以下要求。

（1）资质要求

劳务派遣公司需要确认取得劳务派遣业务的相关资质。

（2）人员要求

项目派遣服务中，用工单位需要的往往是某方面的专业人员，这要求劳务派遣公司有这方面的人才储备或者招聘能力。

（3）管理要求

提供项目派遣服务时，劳务派遣公司除了派遣项目所需专业人员，还需要配备必要的管理人员，参与被派遣员工的管理。

3.3.2 项目派遣操作规范

项目派遣操作规范如表3-4所示。

表3-4 项目派遣操作规范

制度名称	项目派遣操作规范	版 次	
		编制日期	

第1章 总则

第1条 目的
为规范公司项目派遣业务秩序，满足项目派遣业务实践与要求，特编制本规范。
第2条 适用范围
本规范适用于公司项目派遣相关业务。

第2章 操作规范

第3条 签订项目派遣协议
公司依法与用工单位签订项目派遣协议，由于项目派遣的特殊性，除一般派遣协议条款外，还需特别在协议中确认与约定以下内容。
1. 项目当前进行情况，是进行中还是未开始。
2. 项目持续时间，根据持续时间定制服务方案。
3. 项目完成标志，一般以项目验收为标志。
4. 是否需要公司派驻人员管理，驻点管理是更加适合项目派遣的人员管理方式。
5. 责任主体，应明确约定对被派遣员工进行绩效管理、培训管理、薪酬管理等事项的主体，是用工单位还是本公司。
第4条 配置人员
1. 公司与用工单位了解项目派遣所需人员类型，确认被派遣员工要求。
2. 根据用工单位要求，从公司人员储备中或通过招聘方式选择合适的被派遣员工。
（1）若公司通过招聘方式配置人员，则需要提前告知当次项目派遣服务的具体细节，并将其信息报用工单位确认。
（2）若公司已有适合当次项目派遣的储备人员，则将其信息报用工单位确认。
第5条 签订劳动合同
若被派遣员工为新招聘人员，则与其签订劳动合同，建立劳动关系。
1. 公司应通知其办理入职手续，收集其个人信息和相关证件资料，与其签订劳动合同，办理社会保险、住房公积金等相关手续。

续表

制度名称	项目派遣操作规范	版　次	
		编制日期	

2. 公司应与被派遣员工签订 2 年以上的固定期限书面劳动合同，不得将合同期限约定为项目期限。

第 6 条　到岗与岗前培训

1. 公司组织被派遣员工按时到岗，加入用工单位项目团队。

2. 根据项目特性与被派遣员工在该项目角色判断是否需要岗前培训，若不需要，则略过；若需要，按以下规范执行。

（1）根据项目派遣协议约定有关内容判断由用工单位或公司为被派遣员工进行岗前培训。

（2）若项目尚未动工，则安排被派遣员工与该项目其他员工一同参加项目启动前的集体培训（若有）。

（3）若项目已经动工，则安排被派遣员工进入项目，由用工单位项目上相关人员为被派遣员工介绍各类事宜。

第 7 条　员工管理

项目派遣模式下，对被派遣员工的各类事项管理有几种情况。

1. 由用工单位负责对被派遣员工进行绩效管理、档案管理、安全管理等。

2. 由公司派驻专门人员负责对被派遣员工进行绩效管理、档案管理、安全管理等。

具体见项目派遣协议关于此类事项权责主体的约定。

第 8 条　费用结算

1. 根据项目派遣员工考核情况，按照劳动合同约定，核算被派遣员工的工资、奖励等，也一并核算其应缴社会保险、应缴住房公积金等其他费用。

2. 制作费用结算表，包括被派遣员工应支付工资金额、应缴纳社会保险与住房公积金费用、管理服务费及产生的其他费用，提交用工单位确认，并开具符合法律规定的票据送达用工单位。

3. 督促用工单位按项目派遣协议约定日期支付相关费用。

第 9 条　工资支付

项目派遣员工的工资支付按劳动合同有关约定进行，一般有以下几种情况。

1. 若项目工期较长，且劳动合同约定项目派遣期间按月发放工资的，则按月准时支付工资。

2. 若项目工期较短，且劳动合同约定项目派遣情况下待项目结束后一并发放项目派遣期间工资的，则项目结束后准时支付工资。

3. 工资发放后，及时向项目派遣员工提供工资清单，并确认其签收。

第 10 条　缴纳社会保险与住房公积金

1. 无论是按月向项目派遣员工支付工资还是项目结束后一并支付工资，公司都要以月为单位为项目派遣员工缴纳社会保险与住房公积金。住房公积金需事先约定缴纳比例。

2. 若因各种原因，出现与项目派遣员工解除劳动合同的情况，应及时进行社会保险与住房公积金的停缴等工作。

第 3 章　附则

第 11 条　若发生不在本规范之内的其他特殊情况，按照国家法律法规、公司相关规定以及项目派遣协议有关约定执行。

第 12 条　本规范由＿＿＿部负责制订、解释和修订。

第 13 条　本规范自发布之日起实施。

3.3.3 项目派遣关键事项

劳务派遣公司在开展项目派遣业务时需要注意以下几点。

① 确保被派遣员工的专业性，避免因人员问题延误项目工期。

② 项目派遣面临被大规模退回风险，劳务派遣公司与被派遣员工在劳动合同中约定被退回后的安置事宜。

③ 项目派遣容易引发派遣结束后的项目遗留问题，劳务派遣公司要提前预警，与用工单位在项目派遣协议中做好这方面的约定。

3.4 试用派遣服务规范

3.4.1 试用派遣实施要求

试用派遣是指用工单位在试用期间将新员工的劳动关系转至劳务派遣公司，然后以派遣的形式试用，其目的是使用工单位在准确选才方面更具保障，免去了由于选拔和测试时产生的误差风险，有效降低了人事成本。根据其派遣形式的特殊性，试用派遣的实施有以下要求。

① 被派遣员工知悉并同意用工单位试用派遣的用工方式。

② 用工单位提供明确的试用派遣期内被派遣员工考核方案。

③ 被派遣员工与用工单位相同或相似岗位员工同工同酬。

3.4.2 试用派遣操作规范

试用派遣操作规范如表3-5所示。

表3-5 试用派遣操作规范

制度名称	试用派遣操作规范	版　次	
		编制日期	

第1章　总则

第1条　目的

为规范公司试用派遣业务秩序，满足试用派遣业务实践与要求，特编制本规范。

第2条　适用范围

本规范适用于公司试用派遣相关业务。

第2章　操作规范

第3条　签订试用派遣协议

公司依法与用工单位签订试用派遣协议，由于试用派遣的特殊性，除一般派遣协议条款外，还需特别在协议中确认与约定以下内容。

1. 协议期限。为规避风险，试用派遣期限一般不超过《劳动合同法》关于试用期最长期限的限定。

2. 员工薪酬。为规避风险，试用派遣期间被派遣员工薪酬不得低于用工单位同岗位正式员工工资的百分之八十。

3. 试用派遣期满后的员工去留问题。约定若试用派遣期满，用工单位决定不正式聘用被派遣员工为正式员工情况下的员工退回环节。

4. 责任主体。应明确约定对被派遣员工进行绩效管理、培训管理、薪酬管理等事项的主体，是用工单位还是本公司。

第4条　签订劳动合同

被派遣员工需与公司签订劳动合同，除一般劳动合同条款外，还需特别在合同中确认与约定以下内容。根据《劳务派遣暂行规定》有关内容，劳务派遣公司应当依法与被派遣劳动者订立2年以上的固定期限书面劳动合同，而试用派遣模式下，派遣协议期明显不满2年，因此，当试用派遣期满，会出现以下两种情况：

1. 试用派遣期满，用工单位决定正式聘用被派遣员工为正式员工，而此时被派遣员工仍与公司保持法定劳动关系，公司应与被派遣员工约定此类情况下解除劳动合同的程序。

2. 试用派遣期满，用工单位决定不聘用被派遣员工为正式员工，此时若被派遣员工仍愿意与公司保持劳动关系，则保持劳动关系，为其寻找新的派遣机会；若被派遣员工不愿与公司继续保持劳动关系，公司应与被派遣员工约定此类情况下解除劳动合同的程序。

第5条　岗前培训

除试用派遣协议特别规定的，一般由用工单位根据被派遣员工及其所在岗位的实际情况为其进行岗前培训。

第6条　员工管理

1. 若试用派遣协议约定由公司对被派遣员工进行完全管理，则公司安排相关人员负责被派遣员工整套派遣管理服务工作，包括入职管理、培训管理、薪酬管理、日常管理等。

2. 若试用派遣协议约定由公司对被派遣员工进行部分管理，则对被派遣员工进行约定项管理。

第7条　费用结算

1. 根据被派遣员工考核情况，按照劳动合同约定，核算被派遣员工的工资、奖励，也一并核算其应缴社会保险、应缴住房公积金等其他费用。

续表

制度名称	试用派遣操作规范	版 次	
		编制日期	

2. 制作费用结算表，包括被派遣员工应支付工资金额、应缴纳社会保险与住房公积金费用、管理服务费及产生的其他费用，提交用工单位确认，并开具符合法律规定的票据送达用工单位。

3. 督促用工单位按试用派遣协议约定日期支付相关费用。

第 8 条　工资支付

1. 按与被派遣员工签订的劳动合同有关约定按时足额支付被派遣员工工资，并依法代扣代缴个人所得税等。

2. 工资发放后，及时向被派遣员工提供工资清单，并确认被派遣员工签收。

第 9 条　缴纳社会保险与住房公积金

1. 依法为被派遣员工缴纳养老保险、医疗保险、工伤保险、失业保险、生育保险以及住房公积金，住房公积金要事先约定缴纳比例。

2. 及时根据当月被派遣员工人事变动情况进行社会保险与住房公积金的申报及停缴等工作。

第 3 章　附则

第 10 条　若发生不在本规范之内的其他特殊情况，按照国家法律法规、公司相关规定以及试用派遣协议有关约定执行。

第 11 条　本规范由____部负责制订、解释和修订。

第 12 条　本规范自发布之日起实施。

3.4.3　试用派遣注意事项

试用期本就是员工与用工单位之间关系较不稳定的时期，用工单位为了规避试用期间的用工风险才采取试用派遣的用工形式，这便将风险转移到了劳务派遣公司。基于上述，劳务派遣公司在开展试用派遣业务时需要注意以下内容。

（1）充分调查了解用工单位

劳务派遣公司要核实用工单位各类资质、执照，充分了解其盈利状态、行业口碑、信用状态、企业文化、工作氛围等。劳务派遣公司尽量选择各方面条件更加优秀的用工单位进行合作。

（2）充分调查了解被派遣员工

劳务派遣公司要对被派遣员工进行充分背景调查，了解其从业经历、离职理由、教育背景、身体状况等，尽量避免可能发生的纠纷事件。

（3）跟踪交流

当被派遣员工入职后，公司要定期派专人与被派遣员工交流，跟进其工作状况，了解其心理状态，解决可能出现的各类问题。

3.5 减员派遣服务规范

3.5.1 减员派遣实施要求

经用工单位与员工协商，解除双方劳动关系，再由员工与劳务派遣公司建立劳动关系，员工依旧在原用工单位工作的派遣形式，称为减员派遣。减员派遣一般出现在企业用人结构调整升级之时，是一种较为特殊的劳务派遣形式。减员派遣的实施有以下要求。

① 用工单位与被派遣员工解除原有劳动关系时，要按照国家相关规定合法地与被派遣员工解除原有劳动关系。

② 待用工单位与员工完全解除劳动关系之后，劳务派遣公司再与员工建立劳动关系。

③ 被派遣员工与劳务派遣公司建立劳动关系后，仍在原用工单位工作。

3.5.2 减员派遣操作规范

减员派遣操作规范如表 3-6 所示。

表 3-6 减员派遣操作规范

制度名称	减员派遣操作规范	版　次	
		编制日期	
第 1 章　总则			
第 1 条　目的 为规范公司减员派遣业务秩序，满足减员派遣业务实践与要求，特编制本规范。			

续表

制度名称	减员派遣操作规范	版　次	
		编制日期	

第2条　适用范围
本规范适用于公司减员派遣相关业务。

第2章　操作规范

第3条　签订减员派遣协议
依法与用工单位签订减员派遣协议，除一般派遣协议条款外，需要在协议中约定以下内容：
1. 被派遣员工人数。
2. 减员派遣岗位。
3. 被派遣员工与用工单位解除劳动合同时间点及与劳务派遣公司签订劳动合同时间期限。
4. 明确派遣时限及后期被派遣人员续存问题。
5. 被派遣员工管理方式。
6. 被派遣员工因减员派遣产生的劳动纠纷处理问题。
7. 被派遣员工健康状况等。

第4条　被派遣员工情况调查
收到用工单位《减员派遣申请表》后，劳务派遣公司联系被派遣员工，与其确认减员派遣意愿，要求其出示健康证明，并进行相应的背景调查。

第5条　劳动合同签订
1. 劳务派遣公司根据用工单位意向及劳动合同法相关规定，制订被派遣员工的劳动合同。
2. 劳务派遣公司收集被派遣员工个人信息和相关证件资料，确认被派遣员工已与用工单位解除劳动合同，并查收《离职证明》。
3. 劳务派遣公司按照减员派遣协议要求，在规定时间内与被派遣员工签订劳动合同，办理入职手续，办理社会保险、住房公积金等相关手续。

第6条　岗前培训
岗前培训根据被派遣员工减员派遣后工作安排，分别设置两种培训模式：
1. 岗位与减员派遣前一致。劳务派遣公司在岗前培训的过程中，需要让被派遣员工了解公司的整体环境、组织架构，部门职能等，并介绍劳务派遣流程及相关服务制度，其中主要包括被派遣员工赴用工单位就是参与劳动的整个流程，请假、工伤等特殊情况的处理方式等。
2. 岗位发生调整。若被派遣员工发生岗位变动，新岗位需培训后上岗，且劳务派遣协议中约定由公司进行岗前培训的，则根据实际情况组织岗前培训，参照下述操作规范执行。
（1）根据新岗位特性，制订培训计划，组织被派遣员工参加培训，并组织培训考核，进行培训效果评估，建立培训档案。
（2）公司将培训考核结果告知用工单位。

第7条　被派遣员工管理
根据公司与用工单位签订的减员派遣协议，被派遣员工管理可分为以下几种情况。
1. 完全派遣模式。即公司负责被派遣员工整套派遣管理服务工作，包括入职管理、培训管理、薪酬管理、日常管理等。
2. 不完全派遣模式。即公司只负责被派遣员工的部分模块管理，其余内容由用工单位根据实际情况管理。

续表

制度名称	减员派遣操作规范	版　次	
		编制日期	

第 8 条　绩效管理

被派遣员工在派遣前由用工单位进行考核，已形成一套完整的考核制度和考核体系。根据减员派遣协议要求，绩效派遣可分为三种情况：用工单位考核、按原有考核方式由劳务派遣公司考核、按新的劳务派遣公司相关制度考核。

当按原有考核方式由劳务派遣公司考核时，劳务派遣公司应收集历史考核数据，在条件允许的情况下向用工单位询问绩效考核执行的细则，避免由于考核方式有误造成考核出错。

若减员派遣协议中约定由公司按新考核方式对被派遣员工进行绩效管理，则公司根据被派遣员工的岗位特性进行绩效管理。具体操作规范如下。

1. 公司根据被派遣员工的岗位特性，制订被派遣员工绩效考核方案，详细规定被派遣员工的绩效考核方式、内容、考核人员、考核时间等。

2. 公司安排专门人员根据绩效考核方案有关内容进行考核，并将考核结果告知用工单位与被派遣员工。

第 9 条　薪酬管理

根据减员派遣协议的约定和用工单位在《减员派遣申请表》中提供的信息，劳务派遣公司审核确认后，由用工单位进行绩效考核和薪酬核算的被派遣员工，劳务派遣公司按照用工单位提供的数据进行薪酬发放；由劳务派遣公司进行绩效考核和薪酬核算的被派遣员工，劳务派遣公司计算薪酬数额后交用工单位核准后进行薪资发放。

若被派遣员工发生岗位变动后，薪酬结构发生相应变化，则按照用工单位有关规定核算被派遣员工薪资。

第 10 条　费用结算

1. 根据被派遣员工考核情况，按照劳动合同约定，核算被派遣员工的工资、奖励、应缴社会保险、应缴住房公积金等费用。

2. 制作费用结算表，包括被派遣员工应支付工资金额、应缴纳社会保险与住房公积金费用、管理服务费及产生的其他费用，提交用工单位确认，并开具符合法律规定的票据送达用工单位。

3. 督促用工单位按减员派遣协议约定日期支付相关费用。

第 11 条　缴纳社会保险与住房公积金

1. 依法为被派遣员工缴纳养老保险、医疗保险、工伤保险、失业保险、生育保险以及住房公积金，住房公积金要事先约定缴纳比例。

2. 及时根据当月被派遣员工人事变动情况进行社会保险与住房公积金的申报及停缴等工作。

第 12 条　工伤及意外事故处理

1. 及时与用工单位沟通处理事故，了解被派遣员工伤亡情况，将伤者立即送往就近的医疗机构抢救并到定点医院救治。

2. 在事故发生之日起＿＿＿日内，向社会保险机构申报工伤。

3. 通知被派遣员工进行劳动能力鉴定。

续表

制度名称	减员派遣操作规范	版　次	
		编制日期	

4. 完成劳动能力鉴定后，按社保机构相关规定及时跟进各项手续的办理，完成工伤待遇偿付。
5. 协助购买商业保险的被派遣员工进行保险理赔。
第 13 条　劳动合同解除、终止或变更
1. 被派遣员工劳动合同解除或终止时，应及时办理离职手续，结清费用，终止劳动关系。
2. 当因特殊情况需变更劳动合同，公司与被派遣员工协商一致后对劳动合同进行变更。
第 14 条　减员派遣协议解除、终止或变更
1. 若用工单位或公司因实际情况需解除减员派遣协议，则按减员派遣协议解除协议，结清派遣服务费用以及可能存在的赔偿金、违约金等费用。
2. 若减员派遣协议到期，则按规定终止减员派遣协议。
3. 若确有需要变更减员派遣协议，则与用工单位协商后变更减员派遣协议，若涉及被派遣员工相关利益，应告知被派遣员工并取得其同意。
第 15 条　争议处理
1. 根据被派遣劳动者或用工单位的诉求和事实情况，与相关责任方沟通，制订劳动争议解决方案。
2. 按照解决方案与被派遣员工或用工单位协商。
3. 协商未果的，按照法定程序参加劳动仲裁与诉讼。
4. 及时根据劳动仲裁或诉讼结果，妥善解决劳动争议。

第 3 章　附则

第 16 条　若发生不在本规范之内的其他特殊情况，按照国家法律法规、公司相关规定以及减员派遣协议有关约定执行。
第 17 条　本规范由____部负责制订、解释和修订。
第 18 条　本规范自发布之日起实施。

3.5.3　减员派遣注意事项

减员派遣涉及员工关系的解除与重新建立，较容易产生纠纷，劳务派遣公司需要注意规避以下风险。

（1）来自员工心理的风险

劳务派遣公司与用工单位签订减员派遣协议时，要事先了解被派遣员工情况，特别要了解选择减员派遣形式的理由。及时与被派遣员工沟通交流，避免被派遣员工因改变劳动关系而在心理上产生误解与落差，引发被派遣员工消极怠工，出现态度散漫现象。

（2）来自法律的风险

劳务派遣公司要确定用工单位合法地与员工解除劳动关系之后，再与员工重新建立劳动关系。劳务派遣公司要特别注意"合法解除"以及解除与重新建立劳动关系的先后顺序，避免产生劳动争议。

3.6 转移派遣服务规范

3.6.1 转移派遣实施要求

用工单位自行招聘、培训人员，再与劳务派遣公司合作，由劳务派遣公司与员工签订劳动合同，员工在用工单位工作，由劳务派遣公司负责上述员工的薪酬、福利、绩效、档案管理等工作的派遣形式，称为转移派遣。转移派遣是比较常见的派遣形式，实施转移派遣有以下要求。

① 转移派遣发生之前，用工单位需取得被派遣员工的同意。

② 转移派遣要求劳务派遣公司全面负责被派遣员工的报酬、福利、绩效评估等内容，这要求劳务派遣公司具备较高的服务能力。

3.6.2 转移派遣操作规范

转移派遣操作规范如表 3-7 所示。

表 3-7　转移派遣操作规范

制度名称	转移派遣操作规范	版　次	
		编制日期	
第 1 章　总则			
第 1 条　目的 为规范公司转移派遣业务秩序，满足转移派遣业务实践与要求，特编制本规范。			

续表

制度名称	转移派遣操作规范	版　次	
		编制日期	

第2条　适用范围
本规范适用于公司转移派遣相关业务。

第2章　操作规范

第3条　签订转移派遣协议
公司依法与用工单位签订转移派遣协议，由于转移派遣的特殊性，在签订转移派遣协议时，有关内容会出现以下变化。
1. 派遣的工作岗位名称和岗位性质由用工单位提供并需描述清楚。
2. 被派遣人员数量由用工单位提供并需描述清楚。
3. 除招聘与培训业务由用工单位负责外，其他事项的责任主体为本公司。

第4条　签订劳动合同
公司收集用工单位招聘人员的个人信息和相关证件资料，与其签订劳动合同，为其办理相关手续。

第5条　员工管理
根据转移派遣特性以及转移派遣协议约定，被派遣员工的考勤、绩效、薪酬、安全、档案等内容均由公司统一管理，且有以下两种情况。
1. 由本公司与用工单位协商，参照用工单位相关考勤、绩效、薪酬、档案等管理办法进行管理。
2. 完全由本公司制订和实施被派遣员工的考勤、绩效、薪酬、档案等事项的管理办法。

第6条　费用结算
1. 根据被派遣员工考核情况，按照劳动合同约定，核算被派遣员工的工资、奖励，也一并核算其应缴社会保险、应缴住房公积金等其他费用。
2. 制作费用结算表，包括被派遣员工应支付工资金额、应缴纳社会保险与住房公积金费用、管理服务费及产生的其他费用，提交用工单位确认，并开具符合法律规定的票据送达用工单位。
3. 督促用工单位按转移派遣协议约定日期支付相关费用。

第7条　工资支付
1. 按与被派遣员工签订的劳动合同有关约定按时足额为其支付工资，并依法代扣代缴个人所得税等。
2. 工资发放后，及时向被派遣员工提供工资清单，并确认被派遣员工签收。

第8条　缴纳社会保险与住房公积金
1. 依法为被派遣员工缴纳养老保险、医疗保险、工伤保险、失业保险、生育保险以及住房公积金，住房公积金要事先约定缴纳比例。
2. 及时根据当月被派遣员工人事变动情况进行社会保险与住房公积金的申报及停缴等工作。

第3章　附则

第9条　若发生不在本规范之内的其他特殊情况，按照国家法律法规、公司相关规定以及转移派遣协议有关约定执行。
第10条　本规范由＿＿部负责制订、解释和修订。
第11条　本规范自发布之日起实施。

3.6.3 转移派遣问题处理

一般而言，转移派遣是用工单位有重大人员调整时才会选择的用工形式，转移派遣虽然同时减少了用工单位与劳务派遣公司双方的工作量和用人成本，但也隐藏着一些风险，容易出现一些问题，主要表现在以下几个方面。

（1）用工单位"裁员退员"问题

因劳动关系不在用工单位，用工单位可能会对被派遣员工实行优先辞退手段，这违反了劳动法相关规定，劳务派遣公司可能要为此承担较高风险。为避免这种风险，劳务派遣公司除了在转移派遣协议中提前详细约定各项风险规避事宜外，在合作前，还要调查了解清楚用工单位选择转移派遣的真实目的。

（2）被派遣员工管理问题

① 由于被派遣员工劳动关系不在用工单位，相应的工资、绩效等管理也不由用工单位主管，无形中让被派遣员工与其他员工产生差别，长期发展可能会影响被派遣员工的工作积极性，这要求劳务派遣公司制订和实施被派遣员工的考勤、绩效、薪酬、档案等事项的管理办法时，要始终坚持同工同酬原则。

② 由于劳务派遣公司是外部公司，因此在管理被派遣员工时也有诸多不便，管理工作难度较大。这要求劳务派遣公司对用工单位本身管理形式有深入了解，尽量选择贴近用工单位的管理方式，缩小差异。

3.7 晚间派遣服务规范

3.7.1 晚间派遣实施要求

晚间派遣是指劳务派遣公司为了满足用工单位在晚间这一特定时间急需人才的需求而提供的特殊劳务派遣服务形式。由于晚间派遣形式上的特殊性，实施晚间派遣活动有以下要求。

① 劳务派遣公司与用工单位必须有保障被派遣员工安全的方案与措施，保障被派遣员工的人身财产安全。

② 劳务派遣公司需要具备能接受晚间派遣形式的员工储备或者招聘能力。

③ 劳务派遣公司要详细了解用工单位需要采取晚间派遣模式的工作岗位，了解其工作强度、时间，对晚间工作强度大、时间久的岗位，要求被派遣员工除具备专业能力外还需要相应的身体素质。

3.7.2 晚间派遣操作规范

晚间派遣操作规范如表 3-8 所示。

表 3-8 晚间派遣操作规范

制度名称	晚间派遣操作规范	版 次	
		编制日期	
第 1 章　总则			
第 1 条　目的 为规范公司晚间派遣业务秩序，满足晚间派遣业务实践与要求，特编制本规范。 第 2 条　适用范围 本规范适用于公司晚间派遣相关业务。			
第 2 章　操作规范			
第 3 条　签订晚间派遣协议 公司依法与用工单位签订晚间派遣协议，由于晚间派遣的特殊性，除一般派遣协议条款外，还需特别在协议中确认与约定以下内容。 　1. 晚间派遣时间。公司应提出并与用工单位约定晚间派遣的时间，具体到＿＿＿点至＿＿＿点。 　2. 晚间派遣频率。公司应与用工单位明确晚间派遣的频率，例如每日晚间均派遣，还是隔日抑或是指定日期派遣。 　3. 被派遣员工。公司需与用工单位确定每次派遣的员工可否发生变化。 　4. 责任主体。公司需要与用工单位确认晚间派遣时对被派遣员工进行现场管理、安全管理等事项的责任主体，避免发生争议。 第 4 条　配置人员 公司根据用工单位要求，从公司人员储备中或通过招聘方式选择合适的被派遣员工。 　1. 若公司通过招聘方式配置人员，则需要提前告知当次晚间派遣服务的具体细节，并将其信息报用工单位确认。			

续表

制度名称	晚间派遣操作规范	版　次	
		编制日期	

2. 若公司已有适合晚间派遣的储备人员，则将其信息报用工单位确认。

第 5 条　签订劳动合同

若是新招聘的员工，与其签订劳动合同时，除一般合同内容外，公司还需特别注意以下内容。

1. 将当次晚间派遣期间相关事宜与当次晚间派遣结束后被派遣员工的安置问题约定清晰。
2. 将员工派遣期与非派遣期内的人员管理、工资支付等细节约定清晰。
3. 须按规定与被派遣员工签订 2 年以上的固定期限书面劳动合同，不得将合同期限约定为晚间派遣期限。

第 6 条　到岗与岗前培训

1. 安全培训。由于晚间派遣时段的特殊性，无论晚间派遣协议约定的培训权责是哪方主体，公司都应对待上岗的被派遣员工进行晚间派遣安全培训，培训完毕后，再将其派遣到用工单位相应岗位。
2. 业务培训。若用工单位提供的岗位特殊确有必要进行岗前培训再上岗的，则按晚间派遣协议中约定的培训权责由用工单位或本公司对被派遣员工进行培训。

第 7 条　员工管理

1. 晚间派遣模式下，被派遣员工的现场管理一般由用工单位进行，若晚间派遣协议中另有约定则以晚间派遣协议相关约定为准。
2. 晚间派遣模式下，被派遣员工的绩效、档案等一般管理模块无特殊要求，具体以晚间派遣协议与劳动合同为准。

第 8 条　费用核算

1. 根据被派遣员工的工作完成情况，按照劳动合同约定，核算被派遣员工的工资，也一并核算应缴社会保险、应缴住房公积金等其他费用。
2. 制作费用结算表，包括被派遣员工应支付工资金额、应缴纳社会保险与住房公积金费用、管理服务费及产生的其他费用，提交用工单位确认，并开具符合法律规定的票据送达用工单位。
3. 督促用工单位按晚间派遣协议约定日期支付相关费用。

第 9 条　工资支付

根据晚间派遣协议规定的不同，晚间派遣模式下工资支付一般有两种情况。

1. 单次晚间派遣或次数较少的晚间派遣，工资支付采取次结方式，即晚间派遣任务完成并确认后就支付工资。
2. 连续晚间派遣因周期较长，则按周或月支付工资。

第 10 条　缴纳社会保险与住房公积金

晚间派遣次数或晚间派遣协议期限不等于与被派遣员工签订的劳动合同期限，因此，凡是与被派遣员工签订劳动合同后，均需按规定每月为被派遣员工缴纳社会保险与住房公积金。

1. 按时为被派遣员工缴纳养老保险、医疗保险、工伤保险、失业保险、生育保险以及住房公积金，住房公积金要事先约定缴纳比例。
2. 及时根据当月被派遣员工人事变动情况进行社会保险与住房公积金的申报及停缴等工作。

续表

制度名称	晚间派遣操作规范	版　次	
		编制日期	

第3章　附则

第11条　若发生不在本规范之内的其他特殊情况，按照国家法律法规、公司相关规定以及晚间派遣协议有关约定执行。

第12条　本规范由＿＿＿部负责制订、解释和修订。

第13条　本规范自发布之日起实施。

3.7.3　晚间派遣注意事项

晚间派遣由于其时间和形式的特殊性，劳务派遣公司要特别注意以下内容。

（1）被派遣员工安全问题

由于晚间派遣时间的特殊性，存在一定的安全隐患，劳务派遣公司要与用工单位共同确保工作环境的安全。同时，要提醒员工上下班注意交通安全。如有可能，对晚间工作较长的岗位，可统一提供住宿。

（2）被派遣员工工作积极性问题

由于晚间派遣时间的特殊性，被派遣员工可能出现精神萎靡、注意力下降、工作态度散漫消极等情况。因此，劳务派遣公司在选拔人员时要注意员工的职业素养，还可派驻专人监督被派遣员工的工作情况。

3.8　集体派遣服务规范

3.8.1　集体派遣实施要求

集体派遣是指国有企事业单位通过劳务派遣公司将闲置的人员派遣给第三方的劳务派遣形式。劳务派遣公司开展集体派遣工作有以下要求：

① 被派遣员工完全与原工作单位解除劳动关系。
② 被派遣员工具备相应工作能力，具备派遣后重新就业的资质。
③ 第三方用工单位的接收条件比较容易实现，相关待遇能满足被派遣员工要求。

3.8.2 集体派遣操作规范

集体派遣操作规范如表 3-9 所示。

表 3-9 集体派遣操作规范

制度名称	集体派遣操作规范	版　次	
		编制日期	

第1章　总则

第1条　目的
为规范公司集体派遣业务秩序，满足集体派遣业务实践与要求，特编制本规范。

第2条　适用范围
本规范适用于公司集体派遣相关业务。

第2章　操作规范

第3条　签订劳务派遣协议
公司依法与原用工单位及第三方用工单位签订派遣协议，具体按以下规范进行。
1. 依法与被派遣员工原工作单位签订集体派遣协议，约定集体派遣相关事宜。
2. 依法与第三方用工单位签订劳务派遣协议，根据实际情况选择劳务派遣形式，约定服务内容，明确双方权利义务及责任，确定费用支付方式、协议期限、协议解除、终止或变更以及争议处理等细节。
3. 与第三方签订劳务派遣协议时，要确定派遣类型，再按相关类型操作规范执行具体细节。

第4条　被派遣员工情况调查
公司应先调查被派遣员工的实际情况，包括在原工作单位的履职情况、被集体派遣原因、身体情况等，收集后报第三方用工单位确认。

第5条　签订劳动合同
1. 公司确认被派遣员工已合法与原工作单位解除劳动合同，收取被派遣员工的解除劳动合同书。
2. 公司通知被派遣员工办理入职手续，收集被派遣员工个人信息和相关证件资料，与被派遣员工签订劳动合同，办理社会保险、住房公积金等相关手续。

第6条　到岗与岗前培训
1. 组织被派遣员工至第三方用工单位报到。
2. 若与第三方用工单位约定由公司负责被派遣员工的岗前培训，则根据第三方用工单位的实际要求，对被派遣员工进行专业技能、企业文化、管理条例、安全条例等相关培训，并进行培训考核，将考核结果告知被派遣员工与第三方用工单位。

续表

制度名称	集体派遣操作规范	版　次	
		编制日期	

第7条　员工管理
1. 若与第三方用工单位约定由公司对被派遣员工进行完全管理，则公司安排相关人员负责被派遣员工整套派遣管理服务工作，包括入职管理、培训管理、薪酬管理、日常管理、档案管理等。
2. 若与第三方用工单位约定由公司对被派遣员工进行部分管理，则对被派遣员工进行约定项管理。

第8条　费用结算
1. 被派遣员工原工作单位的派遣服务费用按集体派遣协议有关约定按时足额一次性结清。
2. 根据被派遣员工考核情况，按照劳动合同约定，核定被派遣员工的工资与福利，核算与第三方用工单位之间的劳务派遣服务费。
3. 制作费用结算表，开具符合法律规定的票据送达第三方用工单位，并督促其按约定及时支付费用。

第9条　工资支付
1. 按与被派遣员工签订的劳动合同有关约定按时足额为其支付工资，并依法代扣代缴个人所得税等。
2. 工资发放后，及时向被派遣员工提供工资清单，并确认被派遣员工签收。

第10条　缴纳社会保险与住房公积金
1. 依法为被派遣员工缴纳养老保险、医疗保险、工伤保险、失业保险、生育保险以及住房公积金，住房公积金要事先约定缴纳比例。
2. 及时根据当月被派遣员工人事变动情况进行社会保险与住房公积金的申报及停缴等工作。

第3章　附则

第11条　若发生不在本规范之内的其他特殊情况，按照国家法律法规、公司相关规定以及劳务派遣协议有关约定执行。
第12条　本规范由____部负责制订、解释和修订。
第13条　本规范自发布之日起实施。

3.8.3 集体派遣注意事项

集体派遣由于涉及劳务派遣公司、被派遣员工、原国有企事业单位、第三方用工单位四个利益体，各类关系的解除、建立和转移比较复杂，劳务派遣公司在开展集体派遣业务时需要注意以下方面。

① 了解原国有企事业单位由于何种原因将其员工集体派遣，是企业用人调整还是员工自身因素质原因不再适用原单位，这方便劳务派遣公司对被派遣员工的素质能力进行判断。

② 确认被派遣员工劳动关系问题，被派遣员工是否已与原单位解除劳动关系，避免因关系错乱引发纠纷。

③ 因涉及被派遣员工原属于国有企事业单位员工，改变劳动关系成为被派遣员工有可能引起其心理不满或不适，劳务派遣公司要与原单位共同做好相应心理辅导和解释工作，避免被派遣员工后期发生消极怠工态度散漫等问题。

3.9 钟点派遣服务规范

3.9.1 钟点派遣实施要求

钟点派遣是指劳务派遣公司以小时为基本计价单位派遣特定人员到用工单位工作的劳务派遣形式，钟点派遣具有时间短、需求不固定的特点，根据其特性，实施钟点派遣业务具有以下要求。

① 要求劳务派遣公司具有意愿从事小时工工作的人员储备或招聘能力。

② 要求被派遣员工工作积极性高，态度端正，能在规定时间内完成任务。

③ 要求用工单位指派的岗位工作具有独立性强的特点，方便被派遣员工及时独立完成工作。

3.9.2 钟点派遣操作规范

钟点派遣操作规范如表 3-10 所示。

表 3-10　钟点派遣操作规范

制度名称	钟点派遣操作规范	版　次	
		编制日期	
第 1 章　总则			
第 1 条　目的 为规范公司钟点派遣业务秩序，满足钟点派遣业务实践与要求，特编制本规范。			

续表

制度名称	钟点派遣操作规范	版　次	
		编制日期	

第 2 条　适用范围
本规范适用于公司钟点派遣相关业务。

第 2 章　操作规范

第 3 条　签订钟点派遣协议
公司依法与用工单位签订钟点派遣协议，由于钟点派遣的特殊性，除一般派遣协议条款外，还需特别在协议中确认与约定以下内容。
1. 钟点工作的工作时间，具体到小时点。
2. 钟点工作的单次连续工作时间。
3. 钟点工作的小时单价。
4. 每次钟点派遣发生时被派遣员工是否可以发生变化。
5. 责任主体。应明确约定对被派遣员工进行人员管理、现场管理等事项的主体，是用工单位还是本公司。

第 4 条　配置人员
1. 公司从用工单位处了解钟点派遣所需人员类型，确认被派遣员工要求。
2. 根据用工单位要求，从公司人员储备中或通过招聘方式选择合适的被派遣员工。
（1）若公司通过招聘方式配置人员，则需要提前告知当次钟点派遣服务的具体细节，并将其信息报用工单位确认。
（2）若公司已有适合当次钟点派遣的储备人员，则将其信息报用工单位确认。

第 5 条　签订劳动合同
若是新招聘的员工，与其签订劳动合同时，除一般合同内容外，公司还需特别注意以下内容。
1. 将当次钟点派遣期间相关事宜与当次钟点派遣结束后被派遣员工的安置问题约定清晰。
2. 将员工派遣期与非派遣期内的人员管理、工资支付等细节约定清晰。
3. 按规定与被派遣员工签订 2 年以上的固定期限书面劳动合同，不得将合同期限约定为钟点派遣期限。

第 6 条　到岗与岗前培训
1. 公司组织被派遣员工按时到岗，接受用工单位的工作安排。
2. 除用工单位特殊需要或钟点派遣协议确有约定的，钟点派遣所涉及岗位一般不需要进行业务上的培训，但公司须将相关注意事项向被派遣员工交代清楚。

第 7 条　员工管理
1. 钟点派遣模式下，被派遣员工的现场管理一般由用工单位进行，若钟点派遣协议中另有约定则以钟点派遣协议相关约定为准。
2. 钟点派遣模式下，被派遣员工的绩效、档案等一般管理模块无特殊要求，具体以钟点派遣协议与劳动合同为准。

第 8 条　费用结算
1. 按照钟点派遣协议以及劳动合同的相关约定，核算被派遣员工的工资，也一并核算应缴社会保险、应缴住房公积金等其他费用。
2. 制作费用结算表，包括被派遣员工应支付工资金额、应缴纳社会保险与住房公积金费用、管理服务费及产生的其他费用，提交用工单位确认，并开具符合法律规定的票据送达用工单位。

续表

制度名称	钟点派遣操作规范	版 次	
		编制日期	

3. 用工单位将被派遣员工的薪资及相关钟点派遣服务费用一并支付给公司。

第 9 条　工资支付

根据钟点派遣特性，被派遣员工的工资支付一般有两种情况，具体参考劳动合同中的有关约定。

1. 若发生钟点派遣的次数较少或不固定，则以每次工作任务完成为节点支付被派遣员工应付工资。

2. 若发生钟点派遣的次数较多且连续固定，则可约定按周支付或按月支付。

3. 工资发放后，及时向被派遣员工提供工资清单，并确认其签收。

第 10 条　缴纳社会保险与住房公积金

公司需特别注意，钟点派遣次数或钟点派遣协议期限不等于与被派遣员工签订的劳动合同期限，因此，凡是与被派遣员工签订劳动合同后，均需按规定每月为被派遣员工缴纳社会保险与住房公积金。据此操作规范如下。

1. 按时为被派遣员工缴纳养老保险、医疗保险、工伤保险、失业保险、生育保险以及住房公积金，住房公积金要事先约定缴纳比例。

2. 及时根据当月被派遣员工人事变动情况进行社会保险与住房公积金的申报及停缴等工作。

第 3 章　附则

第 11 条　若发生不在本规范之内的其他特殊情况，按照国家法律法规、公司相关规定以及钟点派遣协议有关约定执行。

第 12 条　本规范由____部负责制订、解释和修订。

第 13 条　本规范自发布之日起实施。

3.9.3　钟点派遣注意事项

需要钟点派遣用工形式的行业类型很多，其本质目的都是为了更合理地节约成本。但是钟点派遣也有其缺陷和风险，劳务派遣公司要特别注意以下几点。

① 了解钟点派遣的工作内容，确定其是合法合规且可采取钟点派遣形式的工作内容。

② 详细约定报酬支付事宜，由于钟点派遣一般来说持续时间短，次数相对较少，所以详细约定报酬支付事宜便于及时支付工资。

③ 被派遣员工的工作质量问题，由于钟点派遣时间短，有些甚至是一次性的，被派遣员工可能没有考核心理负担，这样的心理容易导致工作质量下降，造成用工单位不满，因此，劳务派遣公司要特别注意被派遣员工的能力和素质。

3.10 双休日派遣服务规范

3.10.1 双休日派遣实施要求

针对用工单位的某些需求，劳务派遣公司以周六、周日为基本计价单位派遣员工到用工单位工作的劳务派遣形式。根据其特性，实施双休日派遣形式具有以下要求。

① 要求用工单位双休日有健全的人员管理系统，提供正常的工作环境，委托的工作内容不会因双休日这一特殊时段产生执行上的困难。

② 要求劳务派遣公司具有意愿在双休日提供派遣服务的人员储备或招聘能力。

③ 要求被派遣员工在双休日不会因个人原因突然中止工作，并在工作期间保持工作质量与工作积极性。

3.10.2 双休日派遣操作规范

双休日派遣操作规范如表 3-11 所示。

表 3-11 双休日派遣操作规范

制度名称	双休日派遣操作规范	版　次	
		编制日期	
第 1 章　总则			
第 1 条　目的 为规范公司双休日派遣业务秩序，满足双休日派遣业务实践与要求，特编制本规范。 第 2 条　适用范围 本规范适用于公司双休日派遣相关业务。			
第 2 章　操作规范			
第 3 条　签订双休日派遣协议 公司依法与用工单位签订双休日派遣协议，由于双休日派遣的特殊性，除一般派遣协议条款外，还需特别在协议中确认与约定以下内容。			

续表

制度名称	双休日派遣操作规范	版　次	
		编制日期	

1. 工作时间。公司要与用工单位特别约定双休日范围内的连续工作时间问题，确保用工单位提供的工作每日劳动时间在法律法规允许的范围之内。

2. 被派遣人员。约定每次双休日派遣发生时被派遣员工是否可以发生变化。

3. 责任主体。应明确约定对被派遣员工进行人员管理、现场管理等事项的主体，是用工单位还是本公司。

第4条　配置人员

1. 公司与用工单位了解双休日派遣所需人员类型，确认被派遣员工要求。

2. 根据用工单位要求，从公司人员储备中或通过招聘方式选择合适的被派遣员工。

（1）若公司通过招聘方式配置人员，则需要提前告知当次双休日派遣服务的具体细节，并将被派遣员工信息报用工单位确认。

（2）若公司已有适合当次双休日派遣的储备人员，则将其信息报用工单位确认。

第5条　签订劳动合同

1. 若是新招聘员工，公司通知其办理入职手续，收集其个人信息和相关证件资料，与其签订劳动合同，办理社会保险、住房公积金等相关手续。

2. 由于双休日派遣的特殊性，除一般劳动合同内容外，还需特别确认与约定以下内容。

（1）将当次双休日派遣期间相关事宜与当次双休日派遣结束后被派遣员工的安置问题约定清晰。

（2）将员工派遣期与非派遣期内的人员管理、工资支付等细节约定清晰。

（3）按规定与被派遣员工签订2年以上的固定期限书面劳动合同，不得将合同期限约定为双休日派遣期限。

第6条　到岗与岗前培训

1. 公司组织被派遣员工按时到岗，接受用工单位的工作安排。

2. 除用工单位特殊需要或双休日派遣协议确有约定的，双休日派遣所涉及岗位一般不需要进行业务上的培训，但公司须将相关注意事项向被派遣员工交代清楚。

第7条　员工管理

1. 双休日派遣模式下，被派遣员工的现场管理一般由用工单位进行，若双休日派遣协议中另有约定则以双休日派遣协议相关约定为准。

2. 双休日派遣模式下，被派遣员工的绩效、档案等一般管理模块无特殊要求，具体以双休日派遣协议与劳动合同为准。

第8条　费用结算

1. 根据被派遣员工工作情况以及劳动合同有关约定，核算被派遣员工的工资，也一并核算应缴社会保险、应缴住房公积金等其他费用。

2. 制作费用结算表，包括被派遣员工应支付工资金额、应缴纳社会保险与住房公积金费用、管理服务费及产生的其他费用，提交用工单位确认，并开具符合法律规定的票据送达用工单位。

3. 督促用工单位按双休日派遣协议约定日期支付相关费用。

第9条　工资支付

根据双休日派遣管理特性，被派遣员工的工资支付一般有两种情况，具体参考劳动合同中的有关约定。

续表

制度名称	双休日派遣操作规范	版　次	
		编制日期	

　　1.若发生双休日派遣的次数较少或不固定,则采取日结或两日一结的形式向被派遣员工支付工资。
　　2.若发生双休日派遣的次数较多且连续固定,则可约定按月支付。
　　第10条　缴纳社会保险与住房公积金
　　公司需特别注意,双休日派遣次数或双休日派遣协议期限不等于与被派遣员工签订的劳动合同期限,因此,凡是与被派遣员工签订劳动合同后,均需按规定每月为被派遣员工缴纳社会保险与住房公积金。据此操作规范如下。
　　1.按时为被派遣员工缴纳养老保险、医疗保险、工伤保险、失业保险、生育保险以及住房公积金,住房公积金要事先约定缴纳比例。
　　2.及时根据当月被派遣员工人事变动情况进行社会保险与住房公积金的申报及停缴等工作。

第 3 章　附则

　　第11条　若发生不在本规范之内的其他特殊情况,按照国家法律法规、公司相关规定以及双休日派遣协议有关约定执行。
　　第12条　本规范由＿＿＿部负责制订、解释和修订。
　　第13条　本规范自发布之日起实施。

3.10.3　双休日派遣注意问题

　　双休日派遣为用工单位解决了周末加班的问题,规避了正式员工周末加班潜在的法律风险。而对劳务派遣公司来说,双休日派遣不像完全派遣或项目派遣那样工作量大、风险性高,但双休日派遣也具有一定缺陷,仍有一些问题需要劳务派遣公司密切关注。

（1）工作环境与工作内容

　　由于是双休日,常规用工单位可能没有如工作日一样完善的工作环境,工作内容也可能更加艰巨或复杂,劳务派遣公司要确定用工单位能提供安全健康的工作环境与合适的工作内容,保护被派遣员工的合法权益。

（2）工作时间

　　劳务派遣公司要确认用工单位委托的工作内容在常规工作强度下是否超出双休日的时间范畴,避免隐性加班,侵犯劳动者合法权益。

（3）工作质量

一般来说，用工单位在双休日没有常规的人员配备，被派遣员工的工作可能得不到有效监督或指导，容易造成工作质量降低。劳务派遣公司要充分了解工作内容，并尽量派遣能力素质较高，可以完全胜任工作的员工，如必要，派驻专人对工作进行监督。

第4章

招聘服务工作规范

4.1 招聘服务工作规范

4.1.1 招聘服务流程

招聘服务流程如图 4-1 所示。

4.1.2 招聘服务标准

（1）费用预算标准

招聘费用一般包括：广告费用、差旅费用、场地费用、人工费用、辅助资料费用等。其中对招聘渠道选择有较大影响的费用为广告费用、差旅费用和场地费用。企业招聘费用预算充裕与否，直接影响着企业招聘渠道的选择。

（2）计划制订标准

招聘部根据劳务派遣部提交的招聘需求，制订招聘计划。招聘计划的主要内容包括被派遣员工的职务名称、人数、任职资格要求、上岗时间，招聘信息发布的时间和渠道，招聘小组人选，招聘费用预算等。

（3）简历筛选标准

招聘部主要是从以下两点对应聘者简历进行筛选，筛去最大可能不能胜任用工岗位的人选。

① 硬性指标，包括应聘者的个人信息、受教育程度、工作经历和个人成绩四个方面。

② 软性指标，包括应聘者的自我评价、个人描述等信息。

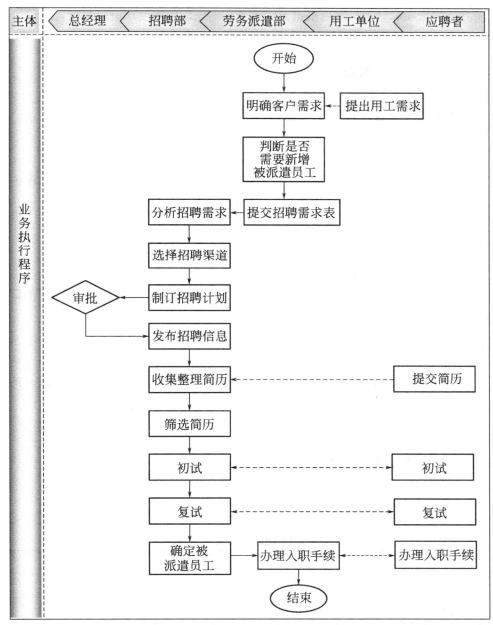

图 4-1 招聘服务流程

（4）面试选拔标准

招聘部根据应聘者在面试过程中的表现，进行综合评价和分析，判断每位应聘者所具备的素质和能力，然后根据被派遣员工的任职资格要求进行选拔。

4.1.3 招聘实施要点

招聘部在被派遣员工招聘实施过程中应注意以下两点要点。

（1）就业歧视

根据《中华人民共和国劳动法》（下面简称《劳动法》）规定，招聘部不得因应聘者的民族、种族、性别、宗教信仰不同而剥夺应聘者平等就业的权力。

（2）虚假信息

招聘部在招聘被派遣员工时，应当如实告知应聘者工作内容、工作条件、工作地点、派遣期限、职业危害、安全生产状况、劳动报酬以及应聘者要求了解的其他情况，不得虚报，误导应聘者。

（3）沟通有误

招聘部收到劳务派遣部提交的招聘需求表后，应及时与劳务派遣部进一步沟通、确认，避免招聘部对招聘需求的理解与用工单位的实际需求存在偏差。

4.1.4 招聘服务工作考核

招聘服务工作考核如表 4-1 所示。

表 4-1　招聘服务工作考核

制度名称	招聘服务工作考核	版　次	
		编制日期	
一、考核目的 　为了使招聘部能够明确自己的工作职责和工作目标，提高招聘部的工作能力、工作效率以及服务标准，特制订本办法。 二、适用范围 本办法适用于本公司招聘部的工作考核。 三、考核周期 公司对招聘部的考核分为月度考核和年度考核。			

续表

制度名称	招聘服务工作考核	版　次	
		编制日期	

1. 月度考核

公司依据招聘部的考核标准，对招聘部实施月度考核，当月绩效考核时间在下月的____日至____日进行，遇节假日顺延。

2. 年度考核

公司依据招聘部的考核标准，以及各月度的绩效考核结果，对招聘部的全年考核结果进行考核，考核期限为当年1月1日至12月31日，考试时间为下年度1月____日至____日。

四、考核内容

对招聘部的考核主要从以下四个方面进行：招聘时间、招聘任务、招聘质量和招聘成本。

五、考核实施程序

（一）制订考核计划

人事行政中心负责组织制订招聘部的考核计划，考核计划应包括考核时间、考核内容、考核流程和考核技巧等内容。

（二）考核的实施

人事行政中心根据考核计划对招聘部进行全面的考核，主要考核内容如下表所示。

招聘部考核表

考核项目	考核指标	权重	考核标准	得分
招聘时间	招聘被派遣员工平均用时	20%	每高于目标值___日，减___分	
招聘任务	招聘任务达成率	30%	每低于目标值___%，减___分	
	被派遣员工储备率	10%	每低于目标值___%，减___分	
招聘质量	被派遣员工退回率	15%	每高于目标值___%，减___分	
	试用期合格率	15%	每低于目标值___%，减___分	
招聘成本	招聘费用	10%	每高出预算值___%，减___分	
考核得分合计				

（三）考核结果面谈

在考核结果进行统计定级后，人事行政中心在考核结果下达____日内，以面谈的形式告知招聘部经理，并在面谈中帮其确定改进方式和下阶段的目标。

（四）考核结果申诉

若招聘部对考核结果有异议，必须在被告知考核结果后的____日内以书面形式向人事行政中心提出申诉，过期将不予受理。

（五）考核结果应用

1. 考核等级划分

考核结果按评分分值划分为5个等级，如下表所示。

续表

制度名称	招聘服务工作考核	版次	
		编制日期	
考核结果等级划分表			
考核评分	90~100分	80~89分	70~79分	60~69分	59分及以下
考核等级	A	B	C	D	E

2.考核结果应用
（1）考核等级为"A"，给予绩效奖金的100%。
（2）考核等级为"B"，给予绩效奖金的90%。
（3）考核等级为"C"，给予绩效奖金的80%。
（4）考核等级为"D"，给予绩效奖金的70%。
（5）考核等级为"E"，取消绩效奖金。

4.2 校园招聘服务工作规范

4.2.1 校园招聘服务流程

校园招聘服务流程如图4-2所示。

4.2.2 校园招聘服务标准

（1）计划制订标准

招聘部应根据劳务派遣部提交的招聘需求，制订校园招聘服务计划。校园招聘服务计划应包括招聘岗位、学校名称、专业名称、学历要求、招聘人数、招聘时间等内容。

（2）服务时间标准

一般校园招聘的时间基本上都是每年9月中旬开始，主要集中在每年的9~11月和次年的3~4月。

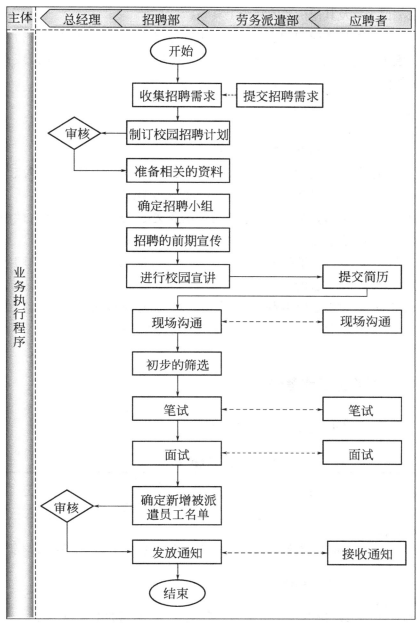

图 4-2　校园招聘服务流程

（3）前期准备标准

招聘部在进行校园招聘前，需提前准备公司简介文件、相关设备仪器、面试试题、人员测评工具及其他相关的宣传工具等。

另外，还需做好校园中的宣传工作，主要是与学校就业办负责人进行沟通，确定招聘、宣讲事宜，同时通过校园网站、企业网站发布公司的招聘信息或直接派人发放相关的资料。

（4）现场实施标准

校园招聘服务现场实施的程序如下：

① 校园宣讲。校园招聘服务工作人员根据事先安排好的时间、地点，由公司的总经理或者相关高层经理在校园招聘会的现场进行演讲。

演讲的内容主要包括公司的发展情况、企业文化、薪资福利、用人政策、大学生在企业的发展机会、校园招聘工作流程及时间安排等。

② 解答疑难。校园招聘服务工作人员应在招聘现场与应聘者就招聘的相关事宜进行沟通，解答应聘者的疑难。

③ 收集简历。校园招聘服务工作人员应对校园招聘会现场应聘者投递的简历进行收集，然后进行整理、分类，初步筛选出符合要求的应聘者。

4.2.3 校园服务工作考核

校园服务工作考核如表 4-2 所示。

表 4-2 校园服务工作考核

制度名称	校园服务工作考核	版　次	
		编制日期	
一、考核目的 为了进一步规范招聘部校园服务工作，提高其工作质量和工作效率，特制订本办法。 二、适用范围 本办法适用于本公司招聘部校园服务工作考核。 三、考核周期 考核时间为校园服务工作各阶段或整个校园服务工作结束后的 1～10 日内。 四、考核内容 招聘部校园服务工作的考核主要包括招聘时间、招聘任务、招聘质量和招聘成本。 五、考核实施程序 （一）制订考核计划 人事行政中心负责组织制订招聘部校园服务工作的考核计划，考核计划应包括考核时间、考核内容、考核流程和考核技巧等内容。			

续表

制度名称	校园服务工作考核	版　次	
		编制日期	

（二）考核的实施

人事行政中心根据考核计划对招聘部校园服务工作进行全面的考核，主要考核内容如下表所示。

招聘部校园服务工作考核表

考核项目	考核指标	权重	考核标准	得分
招聘时间	校园招聘平均用时	10%	每高于目标值___日，减___分	
招聘任务	校园招聘任务达成率	20%	每低于目标值___%，减___分	
	有效简历率	10%	每低于目标值___%，减___分	
招聘质量	面试通过率	10%	每低于目标值___%，减___分	
	招聘离职率	15%	每高于目标值___%，减___分	
	被派遣员工退回率	10%	每低于目标值___%，减___分	
招聘成本	人均招聘成本	15%	每高于目标值___%，减___分	
	招聘费用预算达成率	10%	每高于目标值___%，减___分	
考核得分合计				

（三）考核结果面谈

在考核结果进行统计定级后，人事行政中心在考核结果下达___日内，以面谈的形式告知招聘部经理，并在面谈中帮其确定改进方式和下阶段的目标。

（四）考核结果申诉

若校园服务工作人员对考核结果有异议，必须在被告知考核结果后的___日内以书面形式向人事行政中心提出申诉，过期将不予受理。

（五）考核结果应用

1.考核等级划分

考核结果按评分分值划分为 5 个等级，如下表所示。

考核结果等级划分表

考核评分	90～100 分	80～89 分	70～79 分	60～69 分	59 分及以下
考核等级	A	B	C	D	E

2.考核结果应用

（1）考核等级为"A"，给予项目提成 5%。
（2）考核等级为"B"，给予项目提成 4%。
（3）考核等级为"C"，给予项目提成 3%。
（4）考核等级为"D"，给予项目提成 2%。
（5）考核等级为"E"，无项目提成。

4.3 专场招聘服务工作规范

4.3.1 专场招聘服务流程

专场招聘服务流程如图 4-3 所示。

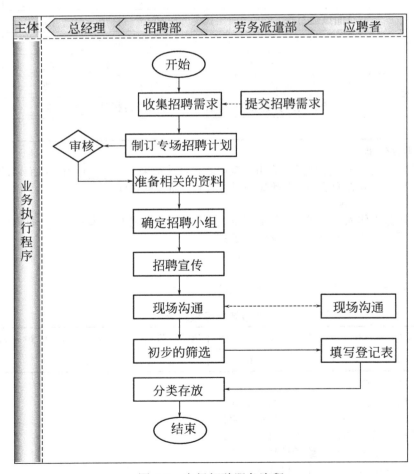

图 4-3　专场招聘服务流程

4.3.2 专场招聘服务标准

（1）计划制订标准

招聘部应根据劳务派遣部提交的招聘需求，应先确定专场招聘的日期，然后再制订专场招聘服务计划。专场招聘服务计划的内容包括招聘目的、招聘时间、招聘内容、招聘前准备、现场招聘实施、具体负责人及招聘预算等。

（2）前期准备标准

在参加专场招聘会前，专场招聘服务工作人员应做好充足的准备，这样才能做到有备无患，确保专场招聘会现场有条不紊。专场招聘会前需准备的事项如表4-3所示。

表4-3 专场招聘会前需准备的事项

准备的事项	具体说明
易拉宝、海报	如果认为招聘会主办方提供的统一规格海报不能满足企业招聘或形象展示需要，企业可自行制作、携带易拉宝或海报，但是规格尺寸要符合招聘会主办方的要求，不能影响到其他参展企业的展示，有特殊要求的应提前与主办方协调沟通
宣传彩页	根据现场预计人流数量制作
相关表单	应聘者登记表、求职申请表、复试安排表、复试通知单、设计作品提示等
招聘负责人的名片	招聘一些高级人才、专业人才时可能需要交换名片
办公用品	本、笔、胶棒、胶带、剪刀等常用办公物品
参会凭证	如会员卡、参会证、单位介绍信、单位委托书、营业执照副本复印件等
其他用品	面试官标签、文件夹、档案袋、曲别针等

（3）现场实施标准

专场招聘服务现场实施的程序如下：

① 现场发放相关资料。专场招聘服务工作人员应对主动与关注公司招聘信息的应聘者进行交流，介绍公司基本情况及招聘信息，并对其发放公司宣传册以使其

对公司有直观了解。

② 现场沟通。专场招聘服务工作人员应对应聘者提出的有关公司发展情况、薪资福利、用人政策等疑问进行解答，如遇相关具体工作问题，应由劳务派遣部负责人进行解答。

③ 现场报名登记。专场招聘服务工作人员与现场招聘的应聘者进行沟通后，对满足招聘条件的应聘者进行初步面试，通过后交由劳务派遣部负责人进行二次洽谈，并填写"应聘者登记表"进行登记。

④ 个人信息确认。专场招聘服务工作人员在收回"应聘者登记表"时，应首先与应聘者确认姓名及联系方式，防止因字迹潦草等原因造成面试通知不到位的情况。

⑤ 收集"应聘者登记表"。专场招聘服务工作人员在结束现场招聘后，应对所有"应聘者登记表"进行收集，并根据初步面试结果或者部门招聘情况对"应聘者登记表"进行分类存放，以便进行面试等后续相关活动。

4.3.3 专场服务工作考核

专场服务工作考核如表 4-4 所示。

表 4-4 专场服务工作考核

制度名称	专场服务工作考核	版 次	
		编制日期	
一、考核目的 为了进一步规范招聘部专场服务工作，提高其工作质量和工作效率，特制订本办法。 二、适用范围 本办法适用于本公司招聘部专场服务工作考核。 三、考核周期 考核时间为专场服务工作各阶段或整个专场服务工作结束后的 1~10 日内。 四、考核内容 招聘部专场服务工作的考核主要包括招聘时间、招聘任务、招聘质量和招聘成本。 五、考核实施程序 （一）制订考核计划 人事行政中心负责组织制订招聘部专场服务工作的考核计划，考核计划中应包括考核时间、考核内容、考核流程和考核技巧等内容。			

续表

制度名称	专场服务工作考核	版　次	
		编制日期	

（二）考核的实施

人事行政中心根据考核计划对招聘部专场服务工作进行全面的考核，主要考核内容如下表所示。

招聘部专场服务工作考核表

考核项目	考核指标	权重	考核标准	得分
招聘时间	专场招聘平均用时	10%	每高于目标值___日，减___分	
招聘任务	专场招聘任务达成率	20%	每低于目标值___%，减___分	
	有效简历率	10%	每低于目标值___%，减___分	
招聘质量	面试通过率	10%	每低于目标值___%，减___分	
	招聘离职率	15%	每高于目标值___%，减___分	
	被派遣员工退回率	10%	每低于目标值___%，减___分	
招聘成本	人均招聘成本	15%	每高于目标值___%，减___分	
	招聘费用预算达成率	10%	每高于目标值___%，减___分	
考核得分合计				

（三）考核结果面谈

在考核结果进行统计定级后，人事行政中心在考核结果下达____日内，以面谈的形式告知招聘部经理，并在面谈中帮其确定改进方式和下阶段的目标。

（四）考核结果申诉

若专场服务工作人员对考核结果有异议，必须在被告知考核结果后的____日内以书面形式向人事行政中心提出申诉，过期将不予受理。

（五）考核结果应用

1. 考核等级划分

考核结果按评分分值划分为5个等级，如下表所示。

考核结果等级划分表

考核评分	90～100分	80～89分	70～79分	60～69分	59分及以下
考核等级	A	B	C	D	E

2. 考核结果应用

（1）考核等级为"A"，给予项目提成5%。
（2）考核等级为"B"，给予项目提成4%。
（3）考核等级为"C"，给予项目提成3%。
（4）考核等级为"D"，给予项目提成2%。
（5）考核等级为"E"，无项目提成。

4.4 网络招聘服务工作规范

4.4.1 网络招聘服务流程

网络招聘服务流程如图 4-4 所示。

4.4.2 网络招聘服务标准

（1）计划制订标准

招聘部应根据劳务派遣部提交的招聘需求，制订网络招聘服务计划。网络招聘服务计划应包括招聘职位、招聘人数和招聘时间等内容。

（2）网络招聘平台选择标准

网络招聘服务工作人员在选择招聘平台时，不能盲目地选择比较热门或流行的网络招聘平台，而是应该根据企业招聘因素、网络平台因素选择合适的网络招聘平台。

企业招聘因素主要有企业性质、招聘岗位、招聘人数及紧急程度、招聘预算。网络平台因素主要有网络平台特色、网络平台产品、网络平台服务、网络平台价格。

（3）信息发布标准

① 客观准确。招聘部发布的信息应是对用工单位实际的客观反映，不得任意夸大而误导应聘者。

② 引人注意。招聘部发布的信息应能激发应聘者兴趣，并易于理解。

③ 内容详细。招聘部发布的信息应对拟招聘人员的相关要求进行具体描述，便于后期更快速地挑选合适人员。

④ 条件清楚。招聘部发布的信息应对工作性质、派遣期限、用工单位等条件有具体、明确的标注，以节省双方的时间，有利于快速寻找被派遣员工。

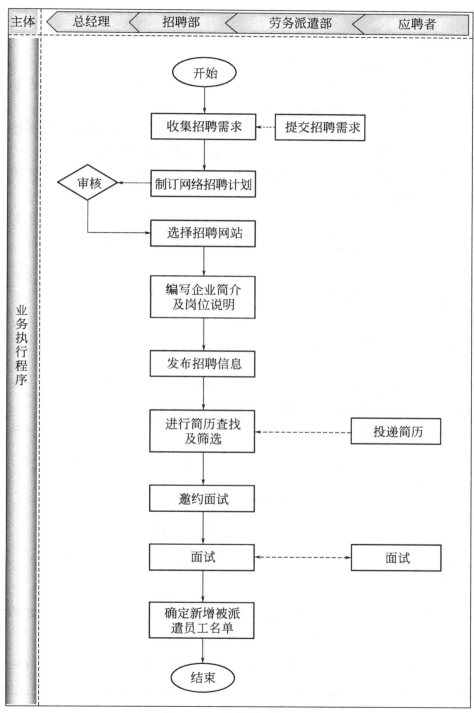

图4-4 网络招聘服务流程

（4）招聘实施标准

网络招聘服务实施的程序如下：

① 编写劳务派遣公司简介。劳务派遣公司简介主要包括公司的业务范围、发展状况、未来发展方向和公司文化等。

② 编写派遣工作岗位说明。网络招聘服务工作人员应编写规范具体的岗位说明，详细说明招聘岗位的职责、任职资格、应聘需准备的资料等。

③ 发布招聘信息。网络招聘服务工作人员在编写完公司简介与工作岗位说明后，应及时发布招聘信息。

④ 简历筛选与邀约面试。网络招聘服务工作人员收到应聘信息后，应及时根据用工单位岗位要求进行简历筛选，并与筛选合格的应聘者约定面试时间。

4.4.3 网络服务工作考核

网络服务工作考核如表4-5所示。

表4-5 网络服务工作考核

制度名称	网络服务工作考核	版　次	
		编制日期	
一、考核目的 为了进一步规范招聘部网络服务工作，提高其工作质量和工作效率，特制订本办法。 二、适用范围 本办法适用于本公司招聘部网络服务工作考核。 三、考核周期 考核时间为网络服务工作各阶段或整个网络服务工作结束后的1~10日内。 四、考核内容 招聘部网络服务工作的考核主要包括招聘时间、招聘任务、招聘质量和招聘成本。 五、考核实施程序 （一）制订考核计划 　人事行政中心负责组织制订招聘部网络服务工作的考核计划，考核计划中应包括考核时间、考核内容、考核流程和考核技巧等内容。 （二）考核的实施 　人事行政中心根据考核计划对招聘部网络服务工作进行全面的考核，主要考核内容如下表所示。			

续表

制度名称	网络服务工作考核		版 次	
			编制日期	

招聘部网络服务工作考核表

考核项目	考核指标	权重	考核标准	得分
招聘时间	网络招聘平均用时	10%	每高于目标值___日，减___分	
招聘任务	网络招聘任务达成率	20%	每低于目标值___%，减___分	
	有效简历率	10%	每低于目标值___%，减___分	
招聘质量	面试通过率	10%	每低于目标值___%，减___分	
	招聘离职率	15%	每高于目标值___%，减___分	
	被派遣员工退回率	10%	每低于目标值___%，减___分	
招聘成本	人均招聘成本	15%	每高于目标值___%，减___分	
	招聘费用预算达成率	10%	每高于目标值___%，减___分	
考核得分合计				

（三）考核结果面谈

在考核结果进行统计定级后，人事行政中心在考核结果下达___日内，以面谈的形式告知招聘部经理，并在面谈中帮其确定改进方式和下阶段的目标。

（四）考核结果申诉

若网络服务工作人员对考核结果有异议，必须在被告知考核结果后的___日内以书面形式向人事行政中心提出申诉，过期将不予受理。

（五）考核结果应用

1. 考核等级划分

考核结果按评分分值划分为5个等级，如下表所示。

考核结果等级划分表

考核评分	90～100分	80～89分	70～79分	60～69分	59分及以下
考核等级	A	B	C	D	E

2. 考核结果应用

（1）考核等级为"A"，给予项目提成5%。
（2）考核等级为"B"，给予项目提成4%。
（3）考核等级为"C"，给予项目提成3%。
（4）考核等级为"D"，给予项目提成2%。
（5）考核等级为"E"，无项目提成。

第5章

培训及资格认定服务工作规范

5.1 代理培训服务工作规范

5.1.1 代理培训服务流程

代理培训服务流程如图 5-1 所示。

5.1.2 代理培训服务标准

（1）以客户为中心

代理培训是劳务派遣公司按用工单位的培训需求进行培训。用工单位一般自身有相应的培训要求，对培训方式、时间、人员、需达到的目的，都会事先准备清楚，劳务派遣公司要在能力范围内尽可能地满足用工单位的需求，完成培训任务。若用工单位提出的培训方式、时间等确有不妥或不完善的地方，劳务派遣公司应先与用工单位充分沟通，若协调未果，以用工单位的要求和标准为准。

（2）最大限度节约成本

劳务派遣公司应制订科学高效的培训计划，尽量避免人力物力财力浪费，以增加利润。

（3）最大限度提升培训质量

培训质量，是用工单位除了培训费用外最关注的问题，因此，劳务派遣公司要尽量发挥自身培训优势，充分调动资源，在条件允许的情况下尽可能提高培训质量，令用工单位满意。

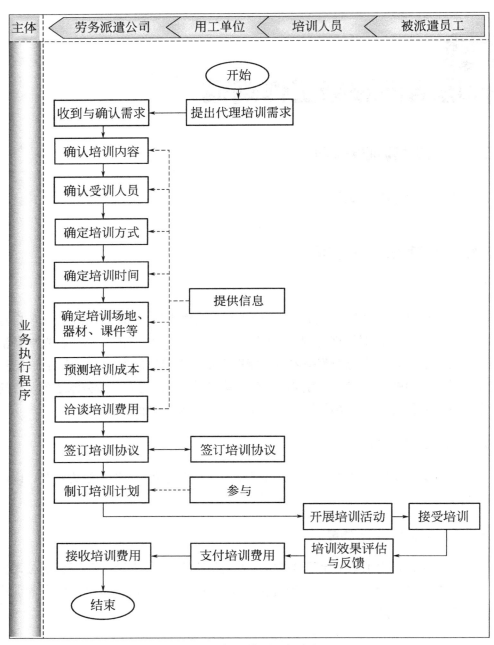

图 5-1 代理培训服务流程

5.1.3 代理培训实施要点

劳务派遣公司在实施代理培训时，要特别注意以下要点。

（1）确认培训要求

做代理培训时，劳务派遣公司不需要做培训需求分析工作，用工单位会在培训要求里将培训原因、方式、时间等各项事宜陈述清楚。劳务派遣公司需要将所有培训要求确认无误，将相关所有疑问咨询清楚。

（2）签订培训协议

为避免后期产生纠纷，劳务派遣公司要与用工单位签订培训协议，详细约定培训相关的细节并达成统一意见。

（3）洽谈培训费用

获取培训费用是劳务派遣公司提供代理服务的主要目的。在提供代理培训服务之前，劳务派遣公司要与用工单位将培训费用洽谈清楚，在条件允许的范围内争取较多利益。

（4）培训效果评估

劳务派遣公司在完成代理培训工作之后，要安排专人进行培训效果评估，撰写培训效果评估报告，总结经验与教训，并将结果反馈给用工单位与受训人员。

5.2 择业指导咨询服务工作规范

5.2.1 择业指导咨询服务标准

择业指导是指劳务派遣公司根据前来咨询者实际情况，为咨询者分析就业形势,解决其就业疑惑,推荐用工单位,并指导其参加用工单位的面试与入职程序。择业指导工作一般需要参照以下服务标准。

(1) 以咨询者核心愿望为基本点

择业指导的根本目的是为咨询者找到合适的用工单位与岗位,劳务派遣公司要以咨询者的核心愿望为基本点,为其寻找与推荐合适的用工单位。

(2) 最大程度为咨询者争取利益

在进行择业指导服务时,劳务派遣公司应尽量为咨询者推荐与争取待遇更好、发展前景更好的用工单位。

(3) 最大程度降低择业指导风险

劳务派遣公司要对咨询者进行充分背景调查,确保其能力水平和职业素质的真实性;同时,推荐用工单位时要注意用工单位的发展现状、合规经营情况、诚信经营情况,避免咨询者入职后发生劳动争议。

5.2.2 择业指导咨询工作规范

择业指导咨询工作规范如表 5-1 所示。

表 5-1 择业指导咨询工作规范

制度名称	择业指导咨询工作规范	版　次	
		编制日期	
第 1 章　总则			
第 1 条　目的 为规范公司择业指导咨询业务秩序,确保择业指导咨询工作顺利开展,基于当前市场上用工单位与咨询者的实际情况与国家相关规定,特编制本规范。 第 2 条　适用范围 本规范适用于公司择业指导咨询相关业务。			
第 2 章　工作内容			
第 3 条　就业政策咨询 为咨询者提供经济、社会、文化、人力资源、社会保障等各方面的法律法规和政策咨询等内容。 第 4 条　职业倾向分析 为咨询者提供人格特征、求职动机、职业偏好和胜任素质测量等服务。			

续表

制度名称	择业指导咨询工作规范	版 次	
		编制日期	

第5条　职业生涯规划
为咨询者提供自我认知、环境分析、职业定位、目标设计和发展路径等指导服务。

第6条　就业技能辅导
为咨询者提供用工单位信息筛选、求职简历制作、面试技巧培训和职场环境模拟等服务。

第3章　工作规范

第7条　就业政策咨询工作规范
1. 指定熟悉经济、社会、文化、人力资源和社会保障方面法律、法规、政策的专业人才提供咨询服务。
2. 为咨询者提供详细的纸质或电子版法律法规、政策详情及解读手册。

第8条　职业倾向分析工作规范
1. 为咨询者配备职业测评工具时，测评工具应符合国家相关标准的要求。
2. 对咨询者的基本情况、测评数据等信息保密，并及时向咨询者反馈结果。

第9条　职业生涯规划工作规范
1. 结合咨询者的实际情况与当时就业形势为咨询者提供指导意见。
2. 以书面形式向咨询者提交指导意见。

第10条　就业技能辅导工作规范
1. 制订辅导大纲和准备教材，根据大纲和教材内容开展辅导工作。
2. 建立完善规范的辅导管理制度以及安全应急预案。
3. 培养与吸纳具有资质的培训讲师，建立培训讲师管理制度。

第11条　实施流程工作规范
1. 信息发布。利用互联网、移动终端、线下宣传等方式发布择业指导咨询服务资讯。
2. 接受咨询。与咨询者接洽，根据其咨询意向，准备针对性的服务方案。
3. 签订协议。审查并确认咨询者的相关资料，双方达成一致意见后按有关规定签订择业指导咨询服务协议。
4. 服务实施。公司根据择业指导咨询服务协议有关内容制订服务方案，确定项目负责人，并指定专人跟踪项目进程，解决服务实施中存在的问题。
5. 协议解除、终止或变更。若因各类情况确实需解除择业指导咨询服务协议且协调未果的，按公司有关规定与咨询者解除该服务协议，并结算相关费用；若择业指导咨询服务结束，公司与咨询者之间的择业指导咨询服务协议自动终止，公司及时与咨询者结算相关费用；若因实际情况需变更协议的，公司与咨询者达成一致意见后对该服务协议进行变更。
6. 资料归档。公司在择业指导咨询服务完成后及时将相关资料整理归档，妥善保管。
7. 服务评价与改进。公司应提供评价与咨询渠道，调查咨询者的满意度，处理咨询者的投诉，并及时将投诉处理情况告知投诉人。

第4章　附则

第12条　若发生不在本规范之内的其他特殊情况，按照国家法律法规、公司相关规定以及择业指导咨询服务协议有关约定执行。

第13条　本规范由＿＿＿部负责制订、解释和修订。

第14条　本规范自发布之日起实施。

5.3 承办专业技术资格认定服务工作规范

5.3.1 承办专业技术资格认定工作标准

专业技术资格认定工作主要遵循以下标准。

（1）认定程序规范

每一项专业技术资格的认定程度都有详细具体的行业规范和国家规定，公司要严格遵守这些规定，严禁违规操作。

（2）时间管理得当

各类专业技术资格认定工作一般都会在规定的时间开放，公司要密切关注且清楚这些开放时间，在相应时间内接受当期可能完成的资格认定业务。

（3）信息管理严密

承办专业技术资格认定需要获取申请人大量身份、学历、工作经验等信息，公司务必要妥善保管与使用这些资料，且只将以上资料用于专业技术资格认定工作，不可私自将申请人资料用作其他用途，并对申请人的资料严格保密。

5.3.2 承办专业技术资格认定工作规范

承办专业技术资格认定工作规范如表5-2所示。

表 5-2 承办专业技术资格认定工作规范

制度名称	承办专业技术资格认定工作规范	版次	
		编制日期	

第1章 总则

第1条 目的

为规范公司承办的专业技术资格认定业务秩序，确保专业技术资格认定业务顺利开展，特编制本规范。

第2条 适用范围

本规范适用于公司承办专业技术资格认定相关业务。

第2章 工作规范

第3条 审查申请人材料

公司要请申请人提供专业技术资格认定的详细资料，并审查资料的真实性，且根据相关规定判断申请人是否具有申请该项专业技术资格认定的条件。

第4条 洽谈服务费用

公司需根据该项专业技术资格认定难度确定服务费用，制订详细的费用明细表并告知申请人。

第5条 签订服务协议

公司确定申请人详细情况，与申请人在各方面意见达成一致后，按规定与申请人签订代办专业技术资格认定服务协议，协议中详细约定资格认定细节、服务费用、费用支付细节等事宜。

第6条 服务实施

1. 服务协议签订完成后，公司立即组织人员按服务协议中有关要求进行专业技术资格认定工作，遇到问题及时与申请人沟通，听取其意见。
2. 专业技术资格认定工作完成后及时告知申请人，请其确认结果，并支付服务费用。

第7条 协议解除、终止或变更

1. 因各类情况确实需解除专业技术资格认定服务协议且协调未果的，按公司有关规定与咨询者解除服务协议，并结算相关费用。
2. 若专业技术资格认定服务结束，公司与咨询者之间的服务协议自动终止，公司及时与咨询者结算相关费用。
3. 若因实际情况需变更协议的，公司与咨询者达成一致意见后对服务协议进行变更。

第8条 服务评价与改进

公司应提供评价与咨询渠道，调查咨询者的满意度，处理咨询者的投诉，并及时将投诉处理情况告知投诉人。

第3章 附则

第9条 若发生不在本规范之内的其他特殊情况，按照国家法律法规、公司相关规定以及服务协议有关约定执行。

第10条 本规范由____部负责制订、解释和修订。

第11条 本规范自发布之日起实施。

第6章

工资社保服务工作规范

6.1 工资代发服务工作规范

6.1.1 工资代发服务流程

工资代发服务流程如图 6-1 所示。

6.1.2 工资代发服务标准

（1）资质标准

从事劳务派遣人员工资代发的企业需要具有《劳务派遣经营许可证》,《劳务派遣经营许可证》要在有效期内使用。

（2）依据标准

当被派遣人员工资核算由用工单位进行核算时，劳务派遣公司依据用工单位制订的工资数据表进行工资代发。

当被派遣人员工资核算由劳务派遣公司核算时，劳务派遣公司根据劳务派遣协议中规定的工资标准结合员工的绩效考核情况制订工资数据表，交由用工单位审核后发放工资。

劳务派遣公司不得克扣用工单位按照劳务派遣协议支付给被派遣人员的劳动报酬。劳务派遣公司和用工单位不得向被派遣人员收取费用。

（3）票据标准

劳务派遣公司为用工单位开具的劳务费发票必须是正规增值税发票。

（4）效率标准

劳务派遣公司发放工资时需时间准、数额准，且发放方式正确。

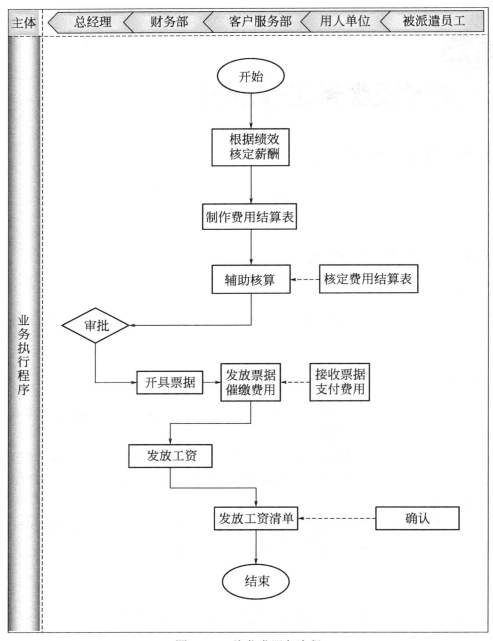

图 6-1 工资代发服务流程

6.1.3 工资代发操作规范

工资代发操作规范如表 6-1 所示。

表 6-1 工资代发操作规范

制度名称	工资代发操作规范	版　次	
		编制日期	

第 1 章　总则

第 1 条　为了做好工资代发工作，保证公司按协议要求完成劳务派遣人员工资代发，特制订本规范。

第 2 条　本规范适用于本公司客户服务部的工资代发工作。

第 2 章　组织管理

第 3 条　客户服务部需设置一名员工与用工单位进行工资代发事宜的沟通和确认。

第 4 条　公司总经理负责对被派遣员工工资发放工作进行全面监督和控制，并指导财务部发放。

第 5 条　客户服务部负责对被派遣员工的薪酬进行核算，并对发放资料进行统计和整理。

第 6 条　财务部积极配合客户服务部进行发票开具，并负责薪酬发放的具体操作工作。

第 3 章　资料管理

第 7 条　代发工资资料主要包括"被派遣员工考勤记录表""被派遣员工绩效考核表""被派遣员工请假登记表""被派遣员工薪资调整申请确认单"等。

第 8 条　客户服务部对提交的考勤记录等报薪资料进行核对，确定各资料与员工本人的实际工作状况是否相符等。

第 4 章　工资计算与审核

第 9 条　客户服务部应根据出勤信息、绩效考核信息、请假登记计算被派遣员工的薪资数据，制作"工资明细表"和"费用结算表"。

第 10 条　客户服务部将"工资明细表"和"费用结算表"交给用工单位进行审核和确认，确认无误后提交给公司总经理，公司总经理进行签批。签批确认后，交由财务部开具相应发票。

第 5 章　款项催缴

第 11 条　客户服务部将财务部开具的发票交于用工单位，并提醒付款时间。

第 12 条　在允许的付款时间内，客户服务部等待用工单位缴款；约定期限前一天，客户服务部需联系用工单位，提醒其支付费用。

第 6 章　薪资发放

第 13 条　客户服务部将制作的"工资明细表"及"工资汇总表"等转交给财务部，由财务部具体处理薪资的发放事宜。

第 14 条　财务部应与付款银行取得联系，委托该银行按照员工的"工资明细表"发放被派遣员工的薪酬。

续表

制度名称	工资代发操作规范	版 次	
		编制日期	

第 15 条　银行将公司工资打入被派遣员工个人账户后，财务部应向银行领取付款凭证，并根据付款凭证编制被派遣员工"工资发放台账"，转交客户服务部进行管理。
第 16 条　客户服务部可将电子工资条，如电子邮件等形式，发至被派遣员工。
第 17 条　被派遣员工工资发放缺失或存有错误的，则客户服务部应协调相关部门与员工本人进行协商核实，在次月薪资发放日予以扣除或补差。

第 7 章　附则

第 18 条　本规范由客户服务部制订，其解释权、修订权归客户服务部所有。
第 19 条　本规范自总经理批准后开始实施。

6.1.4　工资代发注意事项

（1）工资核算

在对被派遣人员的工资进行核算时，客户服务部应设定专人进行核算，并对核算结果进行再次确认，以保证工资发放的准确性。

（2）信息保密

劳务派遣公司进行工资代发时要做好用工单位相关信息的保密工作。

（3）特殊情况下的工资支付

国家在工资支付保障、最低工资支付、加班加点工资支付、年休假、探亲假、婚假、丧假期间的工资支付等方面制定了许多相关的法律法规，劳务派遣公司要对工资支付的相关条款充分了解，有效规避工资支付带来的不必要风险。

（4）明细档案

劳务派遣公司要将代发工资明细表、工资汇总表、付款凭证等档案资料保存起来，以备后期查看。

6.2 社保办理服务工作规范

6.2.1 社保办理服务标准

（1）社保办理业务范围标准

社保办理包括被派遣员工的社保增员、社保卡办理、工伤认定和费用报销、生育报销及生育津贴申领、退休手续协办、养老保险清算、社保补缴、社保减员、社保政策咨询等与被派遣员工社保相关的一切业务。

（2）社保方案确认标准

劳务派遣公司根据用工单位的要求在不违反法律法规的基础上，制定合适的社保缴纳方案，并与用工单位确认。

（3）社保办理服务协议签订标准

社保办理相关条款规定需要在劳务派遣协议中进行规定。协议中需要明确用工单位社保费用支付时限和支付方式。

（4）社保办理效率标准

劳务派遣公司需要按照时间要求，为被派遣员工及时办理社保事宜，确保基数正确，月份正确。

6.2.2 社保办理工作规范

社保办理工作规范如表 6-2 所示。

表 6-2　社保办理工作规范

制度名称	社保办理工作规范	版　次	
		编制日期	

第 1 章　总则

第 1 条　为了做好社保办理工作，保证公司按协议要求完成劳务派遣人员社保办理，特制订本规范。

第 2 条　本规范适用于本公司客户服务部的被派遣员工社保办理工作。

第 2 章　组织管理

第 3 条　客户服务部需设置一名员工与用工单位进行社保办理事宜的沟通和确认。

第 4 条　客户服务部经理负责对被派遣员工社保办理工作进行全面监督。

第 5 条　客户服务部负责对被派遣员工的社保费用进行核算，并制作相应费用明细表单。

第 6 条　财务部积极配合客户服务部进行社保费用款项查收。

第 3 章　办理时间管理

第 7 条　根据《中华人民共和国社会保险法》规定："用工单位应当自用工之日起 30 日内为其职工向社会保险经办机构申请办理社会保险登记。"劳务派遣公司应在被派遣员工入职一个月内为其缴纳社保。

第 8 条　用工单位应在每月的 25 号前将次月社保相关费用缴纳至劳务派遣公司账户，财务部查收后告知客户服务部。

第 4 章　社保办理

第 9 条　每月根据被派遣员工的异动情况，办理社保增员、减员等，并为新参保人员申领社保卡。

第 10 条　客户服务部负责办理被派遣员工生育申报、生育报销等。

第 11 条　当被派遣员工需要办理养老、医疗、工伤等特殊事项时，客户服务部负责协助办理。

第 12 条　客户服务部可为用工单位和被派遣员工进行社保政策的解读和社保疑问的回复。

第 5 章　附则

第 13 条　本规范由客户服务部制订，其解释权、修订权归客户服务部所有。

第 14 条　本规范自总经理批准后开始实施。

6.2.3　社保办理工作须知

（1）依法缴纳

劳务派遣公司需要依法按时为被派遣员工办理社会保险，办理社会保险时应按照真实的社保基数进行缴纳。

（2）缴纳主体

劳务派遣公司直接为被派遣员工办理社会保险，其相关费用由用工单位承担。

6.3 商业医疗补充保险办理服务工作规范

6.3.1 商业医疗补充保险办理服务标准

（1）服务沟通标准

商业医疗补充保险为用工单位自愿购买、自愿选择的产品，劳务派遣公司不得强制购买或限制保险金额等。商业医疗补充保险意在为用工单位及劳务派遣公司减少用工风险，购买商业医疗补充保险虽然会导致用工成本一定程度的增加，但是也具有较多积极性。劳务派遣公司在服务过程中可详细说明购买价格和报销款项，让用工单位能够清晰明了地知道商业医疗补充保险的相关细节。

（2）保险服务公司筛选标准

劳务派遣公司需要设定相应的保险公司筛选标准，如保险服务公司规模、风险把控能力、后期赔付办理简洁度、合作医院等。

（3）商业医疗补充保险产品选择标准

劳务派遣公司进行商业医疗补充保险产品选择时要重点考虑保障范围、合作医院范围、赔付方式、报销比例等。

（4）效率标准

劳务派遣公司筛选保险以及保险险种确定需要在人员派遣之前完成。确保用工单位用工时，被派遣员工已有保险。

6.3.2 商业医疗补充保险办理工作规范

商业医疗补充保险办理工作规范如表 6-3 所示。

表 6-3 商业医疗补充保险办理工作规范

制度名称	商业医疗补充保险办理工作规范	版次	
		编制日期	

第 1 章　总则

第 1 条　为了做好商业医疗补充保险办理工作，保证公司按协议要求完成劳务派遣人员商业医疗补充保险办理，特制订本规范。

第 2 条　本规范适用于本公司客户服务部的被派遣员工商业医疗补充保险办理工作。

第 2 章　组织管理

第 3 条　客户服务部需设置一名员工与用工单位进行商业医疗补充保险办理事宜的沟通和确认。

第 4 条　客户服务部经理负责对被派遣员工商业医疗补充保险办理工作进行全面监督。

第 5 条　客户服务部负责对被派遣员工的商业医疗补充保险办理费用进行核算，并制作相应费用明细表单。

第 6 条　财务部积极配合客户服务部进行商业医疗补充保险办理费用款项查收。

第 3 章　商业医疗补充保险选择管理

第 7 条　根据用工单位要求筛选保险公司，审查其资质，并登记入库。

第 8 条　根据用工单位需求选择合适的保险产品推荐给用工单位，进行详细的保险产品讲解，必要时可以让保险公司人员参与进来。

第 9 条　在保险产品讲解之前可制作产品明细对比表，方便给用工单位展示产品，也方便保留存档。

第 4 章　商业医疗补充保险办理

第 10 条　客户服务部负责签订保险合同、登记人员信息，保存保单信息。

第 11 条　当被派遣员工需要进行相关理赔时，客户服务部负责协助办理。

第 12 条　客户服务部可为用工单位和被派遣员工进行相应商业医疗补充保险疑问的回复。

第 5 章　附则

第 13 条　本规范由客户服务部制订，其解释权、修订权归客户服务部所有。

第 14 条　本规范自总经理批准后开始实施。

6.3.3　商业医疗补充保险办理关键事项

（1）合作保险公司资质审查

在合作意向达成前，劳务派遣公司需要对长期合作的保险公司进行实地考察，查看相应资质，并通过市场调查，确定其产品服务情况。

（2）商业医疗补充保险产品确定

不同派遣工种的派遣岗位对应需要的商业医疗补充保险的险种可能不相同，在保险产品的选择上应仔细了解其报销范围，针对不同工种购买不同产品。

（3）商业医疗补充保险购买

一般情况下，商业医疗补充保险是由用工单位出资委托劳务派遣公司代为购买，这种情况下，劳务派遣公司尤其应该注意核对购买产品和人员信息登记的正确性，确保应保尽保。

（4）商业医疗补充保险理赔服务

在商业医疗补充保险理赔的过程中，应由保险公司主导理赔，由被派遣员工整理理赔所需资料，劳务派遣公司协助提供资料，进行理赔申请。

（5）商业医疗补充保险续保

商业医疗补充保险到期前，劳务派遣公司需要提前告知用工单位，并确定是否续保，确定后及时办理续保或停止续保登记。

第7章

合同协议与档案管理规范

7.1 派遣合同签订与变更

7.1.1 派遣合同签订与变更工作流程

派遣合同签订与变更工作流程如图 7-1 所示。

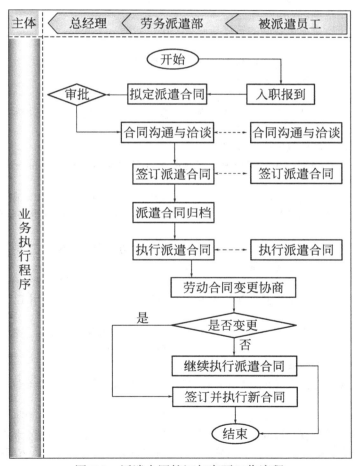

图 7-1 派遣合同签订与变更工作流程

7.1.2 派遣合同签订与变更操作规范

派遣合同签订与变更操作规范如表 7-1 所示。

表 7-1 派遣合同签订与变更操作规范

制度名称	派遣合同签订与变更操作规范	版　次	
		编制日期	

第 1 章　总则
第 1 条　目的。 为了规范派遣合同签订与变更的操作，维护劳务派遣公司与被派遣员工双方的利益，根据国家有关法律法规和公司相关制度规定，特制订本规范。 第 2 条　适用范围。 本规范适用于所有派遣合同的签订与变更工作。 第 3 条　责任分工。 劳务派遣部负责派遣合同签订与变更工作，主要职责包括： 1. 认真学习并贯彻执行有关派遣合同的法律法规和政策。 2. 依据本规范办理派遣合同的签订、变更。 3. 对派遣合同实行动态管理，促进派遣合同签订与变更的规范化、标准化。
第 2 章　派遣合同的签订
第 4 条　派遣合同应以书面形式签订。 第 5 条　员工在报到当天，需与劳务派遣部签订派遣合同。派遣合同一式两份，公司和员工各执一份。 第 6 条　在签订派遣合同的过程中，双方可以相互了解的内容包括但不限于以下内容。 1. 员工可以了解公司的规章制度、劳动条件、劳动保护、劳动报酬等与提供劳动有关的情况。 2. 公司在招聘员工时，可以了解员工健康状况、学历、专业知识、工作技能、与上一家单位的劳动合同解除信息等与应聘工作有关的情况。 3. 员工入职后任何一方不同意签订派遣合同的，另一方有权拒绝继续合作。 第 7 条　派遣合同的期限是两年以上的固定期限，不得以非全日制用工形式招用被派遣劳动者。 第 8 条　派遣合同应当写明被派遣劳动者的用工单位以及派遣期限、工作岗位等情况。
第 3 章　派遣合同的变更
第 9 条　派遣合同的变更需满足下列条件： 1. 订立派遣合同时所依据的法律法规已经修改，致使原来订立的派遣合同无法全面履行，需要作出修改。 2. 当事人双方协商一致，同意对派遣合同的某些条款作出变更，但不得损害国家利益。 3. 劳务派遣公司严重亏损或发生不可抗力的情况，确实无法履行派遣合同的规定。 第 10 条　在劳动关系双方当事人确认变更派遣合同的前提下，应该达成派遣合同变更书面协议，并遵照以下程序变更派遣合同。

续表

制度名称	派遣合同签订与变更操作规范	版　次	
		编制日期	

1. 提出要求。及时向对方提出变更派遣合同的要求，说明变更派遣合同的理由、内容、条件等。

2. 做出答复。按期向对方作出答复，即当事人一方得知对方变更合同的要求后，应在对方规定的期限内作出答复。

3. 双方达成书面协议。即当事人双方就变更派遣合同的内容经过协商，取得一致意见，应当达成变更派遣合同的书面协议，书面协议应指明对哪些条款作出变更，并应订明变更后派遣合同的生效日期，书面协议经双方当事人签字盖章后生效。

第 11 条　派遣合同变更协议书。

> 甲方：××××劳务派遣公司
> 乙方：×××
> 经甲乙双方协商一致，对双方在____年____月____日签订／续订的派遣合同作如下变更。
> 一、变更后的内容。
> ×××
> 二、本协议书一式二份，甲乙双方各执一份。
> 甲方（盖章）　　　　　　　　　　　　　　　　　　　乙方（签章）
> 法定代表人：
> 　或委托代理人（签章）
> 日期：　年　月　日　　　　　　　　　　　　　　　日期：　年　月　日

第4章　附则

第 12 条　本规范由劳务派遣部负责制订、修改与解释。

第 13 条　本规范经总经理签字批准后实施。

7.1.3　派遣合同签订与变更实施要点

派遣合同的签订与变更在实施过程中应注意以下要点。

① 派遣合同的主体是劳务派遣公司和被派遣员工。

② 订立派遣合同，应当遵循合法、公平、平等自愿、协商一致、诚实信用的原则。

③ 劳务派遣公司应当依法与被派遣员工订立 2 年以上的固定期限书面劳动合同。

④ 劳务派遣公司与同一被派遣员工只能约定一次试用期。

⑤ 劳务派遣公司应当对被派遣员工履行下列义务：

a. 如实告知被派遣员工劳动合同法第八条规定的事项、应遵守的规章制度以及劳务派遣协议的内容。
　　b. 建立培训制度，对被派遣员工进行上岗知识、安全教育培训。
　　c. 按照国家规定和劳务派遣协议约定，依法给被派遣员工支付劳动报酬和提供相关待遇。
　　d. 按照国家规定和劳务派遣协议约定，依法为被派遣员工办理社会保险相关手续，并缴纳社会保险费。
　　e. 督促用工单位依法为被派遣员工提供劳动保护和劳动安全卫生条件。
　　f. 依法出具解除或者终止劳动合同的证明。
　　g. 协助处理被派遣员工与用工单位的纠纷。
　　h. 符合法律法规和规章规定的其他事项。
　　⑥ 劳务派遣公司与被派遣员工订立派遣合同时，除载明派遣合同的必备条款和约定条款外，还应当载明被派遣员工的用工单位以及派遣期限、工作岗位等情况。
　　⑦ 派遣合同不得以非全日制用工形式招用被派遣员工。
　　⑧ 派遣合同的变更只能在劳务派遣公司和被派遣员工之间执行。
　　⑨ 派遣合同的变更只限于对派遣合同中某些内容的变更，不能对派遣合同的当事人进行变更。

7.2 派遣合同终止与解除

7.2.1 派遣合同终止与解除工作流程

派遣合同终止与解除工作流程如图 7-2 所示。

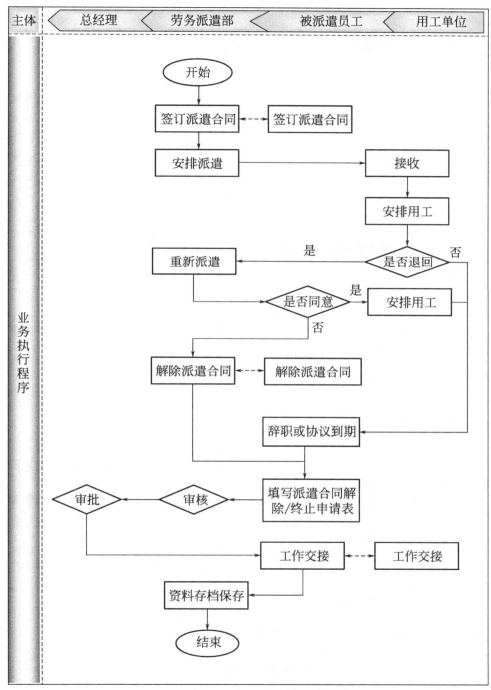

图 7-2 派遣合同终止与解除工作流程

7.2.2 派遣合同终止与解除操作规范

派遣合同终止与解除操作规范如表 7-2 所示。

表 7-2 派遣合同终止与解除操作规范

制度名称	派遣合同终止与解除操作规范	版 次	
		编制日期	

第 1 章 总 则

第 1 条 目的
为了规范派遣合同终止与解除的操作，维护劳务派遣公司与被派遣员工双方的利益，根据国家有关法律法规和公司相关制度规定，特制订本规范。

第 2 条 适用范围
本规范适用于本公司与所有被派遣员工的终止与解除工作。

第 3 条 责任分工
1. 劳务派遣部负责被派遣员工派遣合同终止与解除工作。
2. 被派遣员工在终止与解除派遣合同前，应按照规定的时间、程序办理终止与解除合同手续，未办理完相关手续不得擅自离开用工单位。

第 2 章 派遣合同终止与解除条件

第 4 条 公司单方面解除派遣合同的条件
被派遣员工有下列情形之一的，公司可以与其解除派遣合同。
1. 在试用期间被证明不符合录用条件的。
2. 严重违反用工单位规章制度的。
3. 严重失职，营私舞弊，给用工单位造成重大损害的。
4. 被派遣员工同时与其他用工单位建立劳动关系，对完成用工单位的工作任务造成严重影响，或者经用工单位提出，拒不改正的。
5. 以欺诈、胁迫的手段或者乘人之危，使本公司在违背真实意思的情况下订立或者变更派遣合同，致使派遣合同无效的。
6. 被依法追究刑事责任的。
7. 被派遣员工患病或者非因工负伤，在规定的医疗期满后不能从事原工作，也不能从事由本公司另行安排的工作的；或者被派遣员工不能胜任工作，经过培训或者调整工作岗位，仍不能胜任工作的。

第 5 条 被派遣员工单方面解除派遣合同的条件
有下列情形之一的，被派遣员工可以与公司解除派遣合同。
1. 公司未按照派遣合同约定提供劳动保护或者劳动条件的。
2. 公司未及时足额支付劳动报酬的。
3. 公司未依法为被派遣员工缴纳社会保险费的。
4. 公司的规章制度违反法律法规的规定，损害被派遣员工权益的。

续表

制度名称	派遣合同终止与解除操作规范	版 次	
		编制日期	

5. 因公司以欺诈、胁迫的手段或者乘人之危，使被派遣员工在违背真实意思的情况下订立或者变更派遣合同，致使派遣合同无效的。
6. 法律、行政法规规定被派遣员工可以解除派遣合同的其他情形。
7. 用工单位以暴力、威胁或者非法限制人身自由的手段强迫被派遣员工劳动的，或者违章指挥、强令冒险作业危及被派遣员工人身安全的，劳动者可以立即解除派遣合同，不需事先告知。

第 6 条　派遣合同终止的条件
1. 公司被依法宣告破产、吊销营业执照的，责令关闭、撤销、决定提前解散或者经营期限届满不再继续经营的，派遣合同终止。公司应当与用工单位协商妥善安置被派遣员工。
2. 派遣合同期满。

第 3 章　派遣合同终止与解除程序

第 7 条　填写派遣合同终止与解除申请表
被派遣员工首先按照公司的规章制度填写派遣合同终止与解除申请表，然后提交至劳务派遣部审核、总经理审批。

第 8 条　工作交接
1. 被派遣员工应与用工单位办理好工作交接手续，将手上的工作及相关资料等交给用工单位所指定的交接人员，双方在工作交接表上签字。
2. 被派遣员工工作交接完成后，用工单位将被派遣员工的考勤等移交公司财务部，财务部应按照公司规章制度在____个工作日内为其办理工资结算工作。

第 4 章　附则

第 9 条　本规范由劳务派遣部负责制订、修改与解释。
第 10 条　本规范经总经理签字批准后实施。

7.2.3　派遣合同终止与解除注意要点

派遣合同的终止与解除在实施过程中应注意以下要点。

① 因被派遣员工过失性合同解除的，劳务派遣公司应在证据充足或合理合法的前提下，方可解除或终止派遣合同，避免与被派遣员工发生劳动纠纷。

② 因被派遣员工非过失性合同解除的，劳务派遣公司应提前 30 日以书面形式通知被派遣员工本人或者额外支付被派遣员工一个月工资后，可以解除派遣合同。

③ 劳务派遣公司因以下情形与被派遣员工解除或者终止派遣合同的，应当依法向被派遣员工支付经济补偿。

　　a.《劳动合同法》第四十六条规定的情形。
　　b.《劳务派遣暂行规定》第十五条、第十六条规定的情形。

④ 经济补偿金的计算。

经济补偿按被派遣员工在劳务派遣公司工作的年限，每满一年支付一个月工资的标准向被派遣员工支付。六个月以上不满一年的，按一年计算；不满六个月的，向被派遣员工支付半个月工资的经济补偿。

被派遣员工月工资高于用工单位所在直辖市、设区的市级人民政府公布的本地区上年度职工月平均工资三倍的，向其支付经济补偿的标准按职工月平均工资三倍的数额支付，向其支付经济补偿的年限最高不超过十二年。

7.3 派遣协议签订与变更

7.3.1 派遣协议签订与变更工作流程

派遣协议签订与变更工作流程如图 7-3 所示。

7.3.2 派遣协议签订与变更操作规范

派遣协议签订与变更操作规范如表 7-3 所示。

第7章　合同协议与档案管理规范

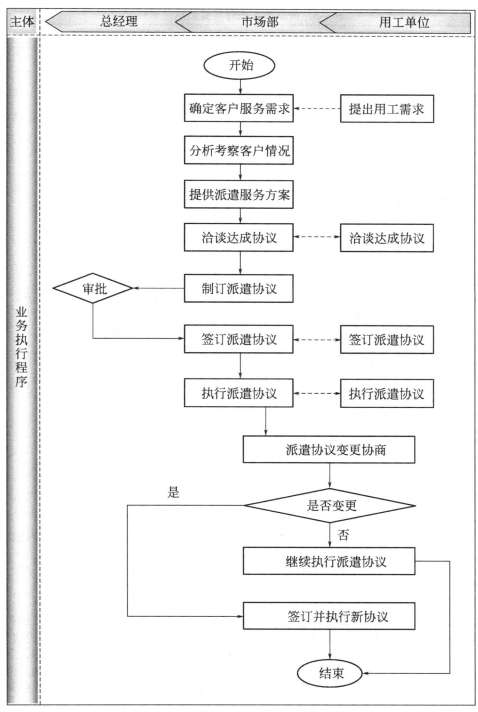

图 7-3　派遣协议签订与变更工作流程

表 7-3　派遣协议签订与变更操作规范

制度名称	派遣协议签订与变更操作规范	版　次	
		编制日期	

第 1 章　总则

第 1 条　目的

为了规范派遣协议签订与变更的操作，维护劳务派遣公司与用工单位双方的利益，根据国家有关法律法规和公司相关制度规定，特制订本规范。

第 2 条　适用范围

本规范适用于所有派遣协议的签订与变更工作。

第 3 条　责任分工

市场部负责派遣协议签订与变更工作，主要职责包括：

1. 认真学习并贯彻执行有关派遣协议的法律法规和政策。
2. 依据本规范办理派遣协议的签订、变更。
3. 对派遣协议实行动态管理，促进派遣协议签订与变更的规范化、标准化。

第 2 章　派遣协议的签订

第 4 条　确定客户服务需求

市场部应根据用工单位提出的用工需求，明确客户服务需求。主要是明确以下内容：

1. 用工单位采用劳务派遣方式的原因。
2. 用工单位使用被派遣员工的期限、所从事的岗位、技能、人员数量。
3. 用工单位使用被派遣员工所执行的工时制度和提供的待遇。

第 5 条　分析考察客户情况

市场部与用工单位达成初步意向后，应对用工单位的基本情况进行分析考察，并记录存档。分析考察的内容如下：

1. 用工单位的企业性质、规模、经营状况及相关资质。
2. 用工单位的发展历史、企业文化及经营理念。
3. 用工单位的信用状况、行业口碑。
4. 被派遣员工工作场所的职业安全。

第 6 条　提供派遣服务方案

市场部根据用工单位的实际状况，向用工单位提供派遣服务方案。

第 7 条　洽谈达成协议

市场部应与用工单位就派遣服务方案进行洽谈。市场部与用工单位洽谈过程中应注意洽谈的技巧，以便双方意见达成一致，加速合作的促成。

一般的洽谈技巧有注重洽谈礼仪、领会身体语言及适当让步。

第 8 条　签订派遣协议

市场部与用工单位洽谈达成协议后，签订派遣协议。

派遣协议的内容包括派遣的工作岗位名称和岗位性质，工作地点，被派遣人员数量和派遣期限，按照同工同酬原则确定的劳动报酬数额和支付方式，社会保险费的数额和支付方式，工作时间和休息休假事项，被派遣劳动者工伤、生育或者患病期间的相关待遇，劳动安全卫生以及培训事项，经济补偿等费用，劳务派遣协议期限，劳务派遣服务费的支付方式和标准，违反劳务派遣协议的责任，法律法规、规章规定应当纳入劳务派遣协议的其他事项。

续表

制度名称	派遣协议签订与变更操作规范	版　次	
		编制日期	

第3章　派遣协议的变更

第9条　提出派遣协议变更

一方应及时向另一方提出变更派遣协议的要求，说明变更派遣协议的理由、内容、条件等。

第10条　派遣协议变更协商

1. 当事人一方得知对方变更派遣协议的要求后，应在对方规定的期限内作出答复。
2. 当事人双方就变更派遣协议的内容经过协商，取得一致意见，应当达成变更派遣协议的书面协议，书面协议应指明对哪些条款作出变更，并应订明变更后派遣协议的生效日期。书面协议经双方当事人签字盖章后生效。

第4章　附则

第11条　本规范由市场部负责制订、修改与解释。

第12条　本规范经总经理签字批准后实施。

7.3.3　派遣协议签订与变更实施要点

（1）派遣协议在签订过程中的注意要点

① 派遣协议的主体是劳务派遣公司和用工单位。

② 明确派遣岗位和人员数量。对于被派遣员工的基本信息应予以明确，同时，对于工作岗位的基本情况，在协议中也应具体说明。

③ 明确劳务派遣期限。用工单位应当根据工作岗位的实际需要与劳务派遣公司确定派遣期限，不得将连续期限分割订立成数个短期劳务派遣协议。

④ 明确劳动报酬和社会保险费的数额与支付方式。劳务派遣作为一种三方关系，劳务派遣公司与用工单位，应在协议中明确被派遣员工劳动报酬和社会保险费的数额与支付方式，防止发生纠纷时出现责任不明的情况。

⑤ 明确违法协议的责任。劳务派遣公司、用工单位违反劳动合同法中有关劳务派遣规定的，由劳动行政部门责令限期改正；逾期不改正的，以每人五千元到一万元的标准处以罚款，对劳务派遣公司，吊销其劳务派遣业务经营许可证。用工单位给被派遣劳动者造成损害的，劳务派遣公司与用工单位承担连带赔偿责任。

⑥ 明确用工单位退回被派遣员工的条件和程序，避免用工单位不合理退工给被派遣员工、劳务派遣公司造成损失。

⑦ 明确被派遣员工因自身原因给用工单位造成损失时，用工单位的索赔渠道，避免劳务派遣公司、用工单位对此说法不一而产生纠纷。

（2）派遣协议变更在实施过程中的注意要点

① 协议变更必须由劳务派遣公司与用工单位协商一致，任何一方不得单方面变更协议。

② 协议变更的内容必须明确，否则将视为无效，原协议仍有效。

③ 协议变更后，协议双方必须按照变更后的内容去履行。

④ 协议变更的程序必须严格按照公司的规定执行，双方相关责任人签署后才能有效。

派遣协议终止与解除

7.4.1 派遣协议终止与解除操作规范

派遣协议终止与解除操作规范如表7-4所示。

表7-4 派遣协议终止与解除操作规范

制度名称	派遣协议终止与解除操作规范	版　次	
		编制日期	
第1章　总则			
第1条　目的。 为了规范派遣协议终止与解除的操作，维护劳务派遣公司与用工单位双方的利益，根据国家有关法律法规和公司相关制度规定，特制订本规范。 第2条　适用范围。 本规范适用于所有派遣协议的终止与解除工作。 第3条　责任分工。 人事行政中心负责派遣协议终止与解除工作，主要职责包括： 1. 认真学习并贯彻执行有关派遣协议的法律法规和政策。 2. 依据本规范办理派遣协议的终止与解除工作。			

续表

制度名称	派遣协议终止与解除操作规范	版　次	
		编制日期	

3. 对派遣协议实行动态管理，促进派遣协议终止与解除的规范化、标准化。

第 2 章　派遣协议终止与解除条件

第 4 条　有下列情形之一的，派遣协议的权利义务终止。
1. 双方的义务都已经按照约定履行。
2. 派遣协议解除。
3. 派遣协议期限到期。
4. 法律规定或者协议双方约定终止的其他情形。

第 5 条　有下列情形之一的，可以解除派遣协议。
1. 双方协商一致的。
2. 订立协议时所依据的客观情况发生重大变化，致使协议无法履行的。
3. 用工单位在协议规定的时间内不履行费用支付，经催告后在合理期限内仍未履行的。
4. 用工单位延迟履行协议义务或者有其他违约行为致使其不能实现协议目的。
5. 法律规定的其他情形。

第 6 条　派遣协议终止与解除后，本公司应当遵循诚实信用原则，根据交易习惯履行通知、协助、保密等义务。

第 3 章　派遣协议终止与解除程序

第 7 条　提出终止与解除派遣协议。
当用工单位达到上述派遣协议终止与解除条件时，本公司应及时向用工单位提出终止与解除派遣协议。

第 8 条　协商。
本公司与用工单位应在规定期限内就终止与解除派遣协议事件进行协商，取得一致意见，并达成终止与解除派遣协议的书面协议书。

第 9 条　签订派遣协议终止与解除协议书。
本公司与用工单位签订派遣协议终止与解除协议书。

第 4 章　附则

第 10 条　本规范由人事行政中心负责制订、修改与解释。
第 11 条　本规范经总经理签字批准后实施。

7.4.2　派遣协议终止与解除注意事项

派遣协议终止与解除的注意事项有以下三点。

（1）终止与解除派遣协议应该明示通知用工单位

劳务派遣公司在行使派遣协议终止与解除权的时候，应该通知自到达用工单位时生效。同时，终止与解除派遣协议通知一旦生效后不可撤销。

（2）派遣协议终止与解除不当的赔偿责任

① 因用工单位过失性协议终止与解除的，劳务派遣公司应在证据充足或合理合法的前提下，方可终止与解除派遣协议，无须承担赔偿责任。

② 因用工单位非过失性协议终止与解除的，劳务派遣公司应提前30日以书面形式通知用工单位，并按照协议约定或经协商后对用工单位造成的损失承担赔偿责任。

（3）派遣协议的解除权

当约定解除或法定解除的条件成立，劳务派遣公司主张解除协议时，应当通知用工单位。但不必与用工单位协商，也不必经用工单位同意，只要通知到达用工单位时，派遣协议便告解除，派遣协议的权利义务关系便告终止。若用工单位有异议的，可以请求人民法院或者仲裁机构确认解除协议的效力。

7.5 被派遣人员档案管理服务标准与工作规范

7.5.1 档案管理服务流程

档案管理服务流程如图7-4所示。

7.5.2 档案管理服务标准

（1）档案来源标准

被派遣人员的档案主要来源于被派遣人员个人和用工单位提供的内容。被派遣人员个人提供的内容包括应聘登记表、体检报告、被派遣员工告知书、无犯罪记录告知书、劳务派遣合同、离职证明、个人身份信息以及相关学历证书、职称证明等材料复印件。用工单位提供的内容包括被派遣员工的业务能力、工作状况、奖励处罚等。

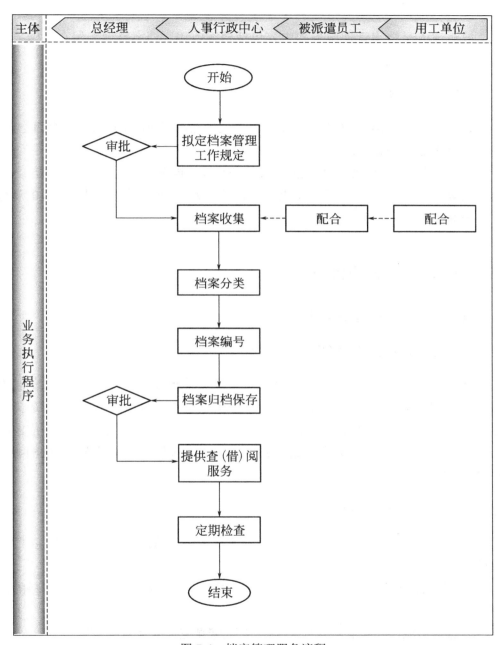

图 7-4 档案管理服务流程

（2）服务内容标准

被派遣人员档案管理服务的内容包括档案收集、档案整理和保存、档案查（借）阅、档案销毁。

（3）服务考核标准

人事行政中心组织每半年对公司被派遣人员档案管理情况进行一次全面检查，并形成检查报告上报总经理。

档案管理服务考核的内容包括档案的完整性、档案归档分类的科学化与合理化、档案管理的及时性、提供档案查（借）阅的及时性与准确性、档案销毁的及时性与准确性。

7.5.3　档案管理关键事项

被派遣人员档案管理的关键事项有以下两点。

（1）被派遣人员新生成的档案应及时归档

被派遣人员的具体管理在用工单位，其在工作中形成的，如被派遣人员的思想品德、业务能力、工作状况等方面的材料也在用工单位，但用工单位与被派遣员工之间没有劳动关系，往往会忽略被派遣人员的档案生成，因此劳务派遣公司应定期与用工单位进行沟通，了解被派遣人员的工作情况，及时收集被派遣人员的档案材料进行归档。

（2）被派遣人员档案材料应真实完整

为了确保被派遣人员档案材料的真实完整，劳务派遣公司在对被派遣人员档案进行归档前应进行以下规范。

① 根据公司档案管理制度收集被派遣人员的入职材料，确保其入职资料的完整性。

② 根据被派遣人员个人提供的材料进行背景调查，确保其真实性。

③ 及时与用工单位沟通，传递被派遣人员在用工单位工作期间的表现情况，确保被派遣人员入职后资料的完整性。

7.5.4 档案管理工作规定

档案管理工作规定如表 7-5 所示。

表 7-5 档案管理工作规定

制度名称	档案管理工作规定	版　次	
		编制日期	

<table>
<tr><td colspan="4">

第 1 章　总则

第 1 条　目的。
为了规范被派遣人员档案的管理工作，加强被派遣人员档案的利用效率，特制订本规定。
第 2 条　适用范围。
本规范适用于被派遣人员档案资料的收集、整理、借阅等各项事宜。
第 3 条　档案管理原则。
被派遣人员档案管理遵循集中统一的管理原则。

第 2 章　档案的收集和归档

第 4 条　被派遣人员档案的收集工作由公司人事行政中心与劳务派遣部共同执行。
第 5 条　劳务派遣部负责收集被派遣人员在用工单位工作期间的表现情况，并及时通知人事行政中心。
第 6 条　公司人事行政中心对收集的资料进行整理，保持档案的完整。
第 7 条　档案归档时的要求如下。
1. 归档材料应保持完整，包括每份材料的份数、页数不可缺失。
2. 每份档案的正附件与之相关的请示、批复、原件、印件等归于一处。
第 8 条　档案归档时间。
被派遣人员档案分两类：一类是入职前的材料；另一类是入职后的材料。入职前的材料须在被派遣人员入职后的 3 个工作日内整理归档；入职后的材料须在接到用工单位传递材料后的 3 个工作日内归档。
第 9 条　凡是归档的材料必须经各部门认真考核、鉴别，保证材料的真实、文字清楚、手续齐备。材料须经各部门负责人和分管领导签字或盖章后归档。
第 10 条　人事行政中心负责将被派遣人员档案按部门编号统一管理，并登记"档案存放登记表"，建立"被派遣人员档案目录"，以便在需要时能及时查询。

第 3 章　档案的查（借）阅

第 11 条　档案查（借）阅的审批权限。
本公司被派遣人员档案查（借）阅应履行严格的审批制度，普通档案查（借）阅需经人事行政中心主任批准，机密级档案查（借）阅需经人事行政中心经理批准，绝密级档案查（借）阅需经总经理审批。
第 12 条　查（借）阅被派遣人员档案之前，查（借）阅人必须到人事行政中心办理登记手续，未履行登记手续的，人事行政中心人员不予提供被派遣人员档案。

</td></tr>
</table>

续表

制度名称	档案管理工作规定	版　次	
		编制日期	

第 13 条　被派遣人员档案查找工作一律由人事行政中心工作人员负责，其他人员严禁进入档案室内翻阅、查找档案。

第 14 条　严禁查（借）阅人在档案室吸烟，严禁查（借）阅人在档案上划线、做记号、折角等，严禁涂改、拆撕档案。

第 15 条　查（借）阅人在查（借）阅过程中严禁私自拍照、摘抄和复制有关档案内容。

第 16 条　查（借）阅人应严格遵守保密规定，不得泄露应查（借）阅档案而知悉的被派遣人员的个人隐私，不准向无关人员谈论、泄露，以确保被派遣人员档案的安全。

第 17 条　查阅人查阅被派遣人员档案时必须在档案室内阅览，查阅完毕应立即将档案归还人事行政中心工作人员，查阅人查阅过程中不得擅自将档案带离档案室。

第 18 条　被派遣人员档案的借出时间不得超过 5 个工作日，相关部门及员工需继续借阅的，必须重新办理借阅手续。

第 4 章　档案的销毁

第 19 条　对已离职的被派遣人员的档案，由人事行政中心工作人员登记造册，经相关领导共同鉴定，对已超过保存期限，确无保存价值的档案，报总经理批准后，按规定销毁。

第 20 条　销毁被派遣人员档案必须在指定地点进行，并指派专人监销，档案销毁后，监销人应在销毁注册上签字。

第 5 章　附则

第 21 条　本规范由人事行政中心负责制订、修改与解释。

第 22 条　本规范经总经理签字批准后实施。

第8章

被派遣员工管理工作规范

8.1 入职培训工作规范

8.1.1 入职培训工作流程

入职培训工作流程如图8-1所示。

8.1.2 入职培训工作标准

（1）入职培训内容标准

新招入的被派遣员工，需要在劳务派遣公司进行入职培训，其培训内容主要包括企业宏观环境介绍，即劳务派遣公司的历史现状、组织结构、部门职能等；劳务派遣流程及相关制度介绍，即被派遣员工赴用工单位就职参与劳动的整个流程所设定的相应制度和操作规范；劳动纪律介绍，即被派遣员工的仪容仪表要求、着装要求、工作场所行为规范等相关内容。

（2）入职培训达标标准

被派遣员工入职培训需达到减少被派遣员工初进公司时的紧张情绪，使其尽快适应派遣环境；让被派遣员工了解劳务派遣公司的历史政策、企业文化；让被派遣员工知道相应的操作流程及联系人，如出现怀孕情况需找谁联系，如何申报，让被派遣员工在一定程度上有纪律意识和规范意识。

（3）入职培训经费控制标准

公司在入职培训进行前需要先对入职培训费用做出估算，以控制培训成本和合理分配培训预算。培训预算需要在公司规定的财务费用标准范围内，并将预算交由培训部经理审核。

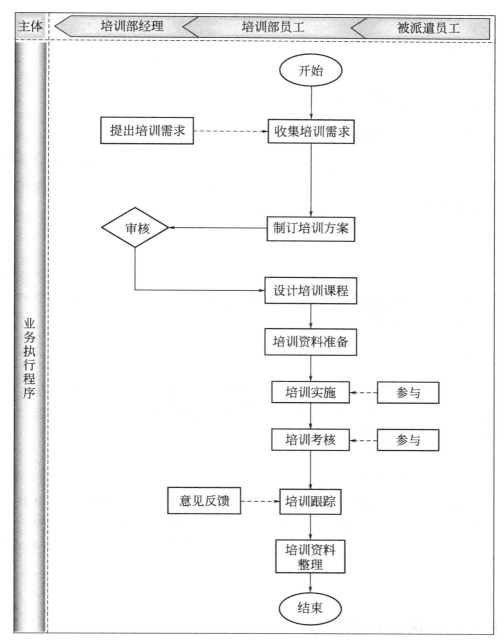

图 8-1 入职培训工作流程

（4）入职培训时间确定标准

劳务派遣公司的被派遣人员入职培训为脱产培训，是被派遣人员在去用工单位

111

前必须进行的培训。劳务派遣公司可以根据具体课程制订 1~2 天的入职培训。具体时间根据用工单位的时间要求和劳务派遣公司的培训要求而定。

8.1.3　入职培训实施要点

（1）制订入职培训方案

制订入职培训方案时需要明确入职培训目的，详细安排入职培训程序，重点解释入职培训节点，对入职培训的内容进行详尽的时间安排及职责划分，并需要根据入职培训安排，进行入职培训费用的估算。

（2）入职培训实施

入职培训需在严格遵守入职培训方案的要求下实施，劳务派遣公司应注意积累入职培训实施过程中的经验和相关课程资料的形成，生成公司内部的入职培训资源库和入职培训特色课程。

（3）入职培训考核

劳务派遣公司的入职培训成果好坏影响着被派遣员工就职用工单位后的表现。在进行入职培训时，必须要对被派遣员工进行相应的培训考核，如培训当天进行培训成果考核，或培训过后，试用阶段进行试用期绩效考核。

（4）入职培训跟踪服务

在劳务派遣公司的入职培训中，涉及劳动纪律、劳动行为方面的内容，无法在入职培训当天考核，需要在被派遣员工工作过程中进行考察。劳务派遣公司的客服人员需要对被派遣员工进行后期的培训跟踪服务，了解其培训的效果并进行合理的建议。

8.1.4　入职培训工作考核

入职培训工作考核方案如表 8-1 所示。

表 8-1 入职培训工作考核方案

制度名称	入职培训工作考核方案	版　次	
		编制日期	

一、考核目的

为了使培训部能够明确自己的工作职责和工作目标，提高培训部的工作能力、工作效率以及服务标准，特制订本方案。

二、适用范围

本方案适用于本公司培训部的工作考核。

三、考核周期

公司对培训部的考核分为月度考核和年度考核。

1. 月度考核。

公司依据培训部的考核标准，对培训部实施月度考核，当月绩效考核在下月的____日至____日进行，遇节假日顺延。

2. 年度考核。

公司依据培训部的考核标准，以及各月度的绩效考核结果，对培训部的全年绩效进行考核，考核期限为当年1月1日至12月31日，考核时间为下年度1月____日至____日。

四、考核内容

对培训部的考核主要从四个方面进行：培训满意度、培训任务、培训质量和培训成本。

五、考核实施程序

（一）制订考核计划

培训部的考核计划中应包括考核时间、考核内容、考核流程、考核技巧等内容。

（二）考核的实施

人事行政中心根据考核计划对培训部进行全面的考核，主要考核内容如下表所示。

培训部考核表

考核项目	考核指标	权重	考核标准	得分
培训满意度	被派遣员工培训满意度	20%	每低于目标值___%，减___分	
培训任务	培训任务达成率	30%	每低于目标值___%，减___分	
	被派遣员工培训参与率	10%	每低于目标值___%，减___分	
培训质量	被派遣员工培训考核通过率	15%	每低于目标值___%，减___分	
	试用期合格率	15%	每低于目标值___%，减___分	
培训成本	培训费用	10%	每高出预算值___%，减___分	
考核得分合计				

（三）考核结果面谈

在考核结果进行统计定级后，人事行政中心在考核结果下达____日内，以面谈的形式告知培训部经理，并在面谈中帮其确定改进方式和下阶段的目标。

续表

制度名称	入职培训工作考核方案	版 次	
		编制日期	

（四）考核结果申诉

若培训部对考核结果有异议，必须在被告知考核结果后的____日内以书面形式向人事行政中心提出申诉，过期将不予受理。

（五）考核结果应用

考核结果按评分分值划分为 5 个等级，如下表所示。

考核结果等级划分表

考核评分	90～100 分	80～89 分	70～79 分	60～69 分	59 分及以下
考核等级	A	B	C	D	E

8.1.5 入职培训管理制度

入职培训管理制度如表 8-2 所示。

表 8-2　入职培训管理制度

制度名称	入职培训管理制度	版 次	
		编制日期	

第 1 章　总则

第 1 条　为了加强被派遣员工入职培训的管理，使培训更科学、合理、高效，让被派遣员工尽快了解劳务派遣相关事宜，并在一定程度上提高被派遣员工的素质特制订本制度。

第 2 条　本制度适用于本公司被派遣员工的入职培训工作。

第 2 章　组织管理

第 3 条　培训部负责入职培训设计及实施工作的全过程。

第 4 条　培训部经理负责对被派遣员工入职培训工作进行全面监督。

第 5 条　培训部负责对被派遣员工的入职培训费用成本进行把控和核算，制作相应费用明细表单。

第 3 章　培训内容设置

第 6 条　被派遣员工入职培训分为三个阶段，首先介绍劳务派遣公司具体情况，并讲解劳务派遣特殊性；其次讲清工作纪律及劳动保护要求；最后讲清对被派遣员工的职业素质要求。

第 7 条　被派遣员工入职培训时间为一个工作日。

第 4 章　培训实施

第 8 条　培训组织流程如下表所示。

续表

制度名称	入职培训管理制度	版 次	
		编制日期	
培训组织流程表			
步骤	内容		
1	查询受训员工入职情况		
2	确定培训项目		
3	制订培训计划（发布通知，确定教师、设备、课表和课本）		
4	培训组织、过程控制		
5	受训员工考核、培训反馈		
6	培训档案、系统录入		

第9条 受训员工在培训期间不得请假，如有特殊原因需参加下一期入职培训的员工在考核通过后才可派遣至用工单位。

第 5 章　培训考核

第 10 条　考核评估包括对培训组织工作的考核和对员工的考核。
第 11 条　对培训组织工作的考核主要有三个指标，即及时率、覆盖率和满意度。
第 12 条　对员工的考核即入职培训的考核成绩。只有考核成绩合格，被派遣员工才可派遣至用工单位。

第 6 章　附则

第 13 条　本规范由培训部制订，其解释权、修订权归培训部所有。
第 14 条　本规范自总经理批准后开始实施。

8.2 专业技术培训工作规范

8.2.1 专业技术培训工作流程

专业技术培训工作流程如图 8-2 所示。

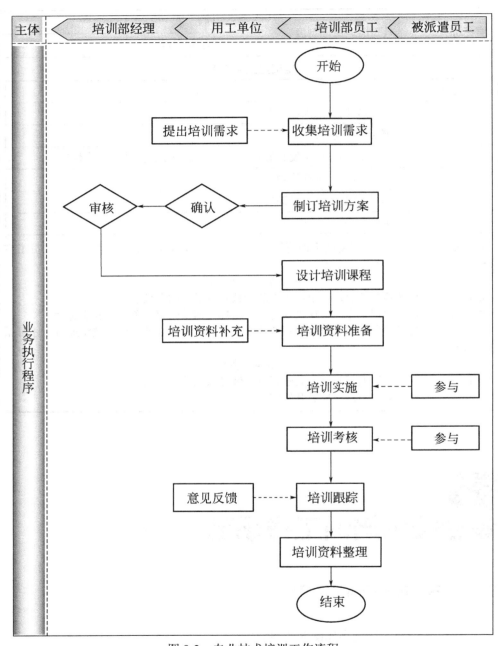

图 8-2 专业技术培训工作流程

8.2.2 专业技术培训工作标准

（1）培训导师选择标准

劳务派遣公司可以依据专业技术培训课程内容来选择培训导师。如果是技术普及类课程，那么，培训部的专职培训讲师是合适的培训导师人选。如果是针对专业技术或新技术的培训，经验丰富的技术人员或相应领域的技术专家是培训导师的首要人选。

（2）培训方法确认标准

一般来说，专业技术培训的培训方法主要包括普通授课、工作指导、安全研讨和多媒体教学等方法。劳务派遣公司可采用多媒体教学和普通授课的方法，向被派遣员工传授相应的专业技术。

（3）培训成果验收标准

短期来讲，劳务派遣公司可对参加受训的被派遣人员的专业技术知识掌握状况采用测试法验收。长期来讲，劳务派遣公司可以通过评估参加受训的被派遣人员的工作绩效改善与否来判断培训成果的高低。

（4）保密标准

如果涉及用工单位公司内部的专业技术，那么，无论是劳务派遣公司还是被派遣员工，都要对培训课程上讲述的内容进行保密。

8.2.3 专业技术培训注意事项

（1）安全防护

在进行具有危险性的专业技术培训时需要注意被派遣员工的个人安全防护问题，防止被派遣员工在专业技术培训过程中受到伤害。

（2）培训纪律

培训开始之初，制订相应的培训管理制度，用来规范被派遣员工在培训过程中的纪律及表现，使专业技术培训达到预期目标。

(3) 培训时间安排

劳务派遣公司根据具体技术情况，来安排培训时间，若技术越复杂，则培训时间越长。如行业普遍技术水平偏高，被派遣员工技术水平与之差距越大，所需培训时间越长；被派遣员工技术水平及素质越高，所需培训时间越短；用工单位的需求越高，则培训时间越长，反之越短。

8.2.4　专业技术培训工作考核

专业技术培训工作考核方案如表 8-3 所示。

表 8-3　专业技术培训工作考核方案

制度名称	专业技术培训工作考核方案	版　次	
		编制日期	

一、考核目的
为了使培训部能够明确自己的工作职责和工作目标，提高培训部的工作能力、工作效率以及服务标准，特制订本方案。
二、适用范围
本方案适用于本公司培训部的工作考核。
三、考核周期
公司对培训部的考核分为月度考核和年度考核。
1. 月度考核。
公司依据培训部的考核标准，对培训部实施月度考核，当月绩效考核在下月的____日至____日进行，遇节假日顺延。
2. 年度考核。
公司依据培训部的考核标准，以及各月度的绩效考核结果，对培训部的全年绩效进行考核，考核期限为当年 1 月 1 日至 12 月 31 日，考试时间为下年度 1 月____日至____日。
四、考核内容
对培训部的考核主要从四个方面进行：培训满意度、培训任务、培训质量、培训成本。
五、考核实施程序
1. 制订考核计划
培训部的考核计划中应包括考核时间、考核内容、考核流程、考核技巧等内容。
2. 考核的实施
人事行政中心根据考核计划对培训部进行全面的考核，主要考核内容如下表所示。

培训部考核表

考核项目	考核指标	权重	考核标准	得分
培训满意度	用工单位培训满意度	20%	每低于目标值___%，减___分	

续表

制度名称	专业技术培训工作考核方案	版次		
		编制日期		

考核项目	考核指标	权重	考核标准	得分
培训任务	培训任务达成率	30%	每低于目标值___%,减___分	
	被派遣员工培训参与率	10%	每低于目标值___%,减___分	
培训质量	被派遣员工专业技术达标率	15%	每低于目标值___%,减___分	
	被派遣员工专业知识达标率	15%	每低于目标值___%,减___分	
培训成本	培训费用	10%	每高出预算值___%,减___分	
考核得分合计				

3. 考核结果面谈

在考核结果进行统计定级后,人事行政中心在考核结果下达____日内,以面谈的形式告知培训部经理,并在面谈中帮其确定改进方式和下阶段的目标。

4. 考核结果申诉

若培训部对考核结果有异议,必须在被告知考核结果后的____日内以书面形式向人事行政中心提出申诉,过期将不予受理。

5. 考核结果应用

考核结果按评分分值划分为 5 个等级,如下表所示。

考核结果等级划分表

考核评分	90～100分	80～89分	70～79分	60～69分	59分及以下
考核等级	A	B	C	D	E

职业技能培训工作规范

8.3.1 职业技能培训工作标准

(1) 培训内容标准

需要根据国家职业标准并结合用工单位的需求,设置合理的职业技能培训课程，其中包括岗位实际操作技能、国家鉴定大纲中要求的内容、被派遣员工需要提高的技能等。

（2）培训流程标准

劳务派遣公司的职业技能培训流程需标准化、简洁化和灵活化。对于职业技能的培训过程，须用详细的制度进行规范；在岗的职业技能培训流程需要更加简洁，努力提高培训效率和质量，减少对被派遣员工的占用时间，减少培训成本。在课程时间设置上也应更加灵活化。

（3）培训考核标准

职业技能培训的考核以国家职业技能大纲标准为考核标准，并可结合企业实际需求调高考核标准。

8.3.2 职业技能培训实施规范

职业技能培训实施规范如表 8-4 所示。

表 8-4 职业技能培训实施规范

制度名称	职业技能培训实施规范	版 次	
		编制日期	
第 1 章 总则 第 1 条 为规范劳务派遣公司员工培训管理工作，使员工掌握本岗位相关职业技能，特制订本规范。 第 2 条 本规范适用于劳务派遣公司员工的职业技能培训管理。 第 3 条 管理职责。 培训部负责制订培训计划，并组织和实施职业技能培训。 第 2 章 培训组织管理 第 4 条 培训方式。 劳务派遣公司对被派遣员工进行的职业技能培训采取线下培训和线上培训相结合的方式进行。线下培训包括课堂讲授、现场指导、案例分析、技能演示等；线上培训包括微信公众号发布的视频操作演示、微课讲解说明等。劳务派遣公司也可根据公司的实际情况，选择外部职业技能培训机构代为培训。 第 5 条 培训内容。 劳务派遣公司对被派遣员工的职业技能培训一般分为两部分，部分一是国家职业技能培训大纲中要求培训内容；部分二是用工单位要求培训内容。			

续表

制度名称	职业技能培训实施规范	版 次	
		编制日期	

第6条 培训纪律。

1. 线下受训员工在培训期间不得请假,如有特殊原因须填写请假单,经相关负责人审批后提交至培训部审批,审批通过后方可请假;线上受训员工在规定时间内完成培训任务即可。

2. 线上受训员工在进行培训时不得浏览与培训内容无关的网页,若自主进行学习培训内容应做好打卡记录。

第3章 培训考核及效果评估

第7条 培训考核。

1. 书面考核。线下考核试题由各位培训讲师提供,由培训部统一印制考卷;线上考核试题由相关培训讲师或培训部设计并上传,受训员工须在规定时间内完成试题并提交。

2. 应用考核。通过观察测试等手段考察受训员工对培训知识或技巧的应用能力、解决问题的能力、承担责任的能力等,由用工单位和劳务派遣公司培训部共同鉴定。

3. 书面考核和应用考核分别占考核总成绩的____%和____%。

第8条 培训效果评估

劳务派遣公司培训部通过线上问卷调查法、座谈法、访谈法等了解员工培训效果的相关情况,并作为培训工作后续改进的参考依据,进一步提高职业技能培训的成效。

第4章 附则

第9条 本规范由劳务派遣公司培训部负责制订、修改、解释,由财务部协助制订、审核。

第10条 本规范经总经理审批后生效,自发布之日起实施。

8.3.3 职业技能培训实施要点

(1)培训计划设置

培训部首先需要调查企业需求,了解用工单位的实际培训需求,有针对性地制订职业技能培训计划。其次要征求学员意见,知晓他们想要学习的知识和技能,并制订相应的计划。培训课程、师资、时间应根据国家职业标准并结合企业生产需要进行安排。

(2)培训质量保障

劳务派遣公司首先要充分调动需参训被派遣员工参加职业技能培训的积极性,结合政府相关职业技能培训补贴,给予参训被派遣员工适当的支持。其次,优化培训课堂内容设置,让受训人员能够真正有所受益。最后,需要注重培训考核,让培训有成果。

8.4 岗位调整工作规范

8.4.1 岗位调整实施流程

岗位调整实施流程如图 8-3 所示。

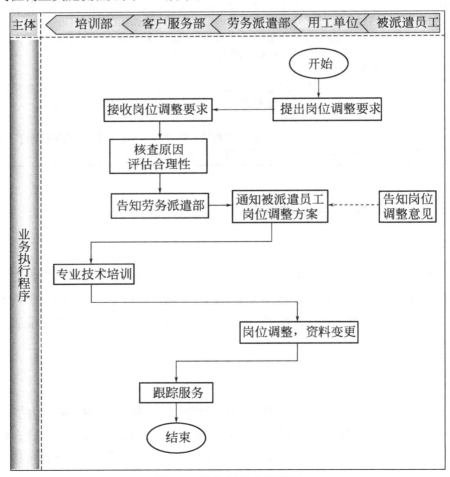

图 8-3　岗位调整实施流程

8.4.2 岗位调整实施规范

岗位调整实施规范如表 8-5 所示。

表 8-5　岗位调整实施规范

制度名称	岗位调整实施规范	版　次	
		编制日期	

第 1 章　总则
第 1 条　为了做好岗位调整工作，规范被派遣员工调动管理，特制订本规范。
第 2 条　本规范适用于被派遣员工在同一用工单位内的岗位调换、晋升、降职相关管理工作，不同用工单位间的岗位调整不参考本规范。
第 3 条　概念界定。
1.岗位调换。因自身水平和能力不适合本岗位要求或因用工单位实际情况需要而进行的同级别岗位的调整。岗位调整指的是用工单位的内部调整。
2.晋升。因在自身工作岗位表现出色、成绩显著而进行的职位升迁。
3.降职。因工作能力无法达到原岗位要求、绩效考核结果不佳而进行的职位下调。

第 2 章　组织管理
第 4 条　客户服务部。
1.审核和控制被派遣员工岗位调整事宜。
2.办理被派遣员工岗位调整的相关手续。
第 5 条　用工单位。
1.提交被派遣员工岗位调整申请，审查被派遣员工岗位调整资格。
2.安排被派遣员工岗位调整的工作交接和相关管理工作。

第 3 章　资料管理
第 6 条　岗位调整资料主要包括"被派遣员工岗位调整申请表""被派遣员工绩效考核表"和"被派遣员工工作交接审签表"等。
第 7 条　客户服务部对提交的资料进行核对，确定各资料与员工本人的实际工作状况是否相符。

第 4 章　岗位调整合规管控
第 8 条　被派遣员工晋升条件。被派遣员工符合以下条件之一的，可进行晋升调整。
1.岗位空缺时，经被派遣员工申请，客户服务部、用工单位对其进行不定期绩效考核，考核成绩达到要求，予以晋升。
2.在原岗位表现突出，本年度考核成绩达到要求，予以晋升。
第 9 条　员工降职条件。员工符合以下条件之一的，可进行降职调整。
1.年度考核成绩不达标，应予以降职。
2.在一个月内受到 2 次以上（不含 2 次）、一个季度内累计 5 次以上（不含 5 次）、一年内累计 8 次以上（不含 8 次）记过及以上级别处罚，根据劳务派遣公司规定应予以降职。
3.玩忽职守、滥用职权，给用工单位造成重大经济损失，且用工单位认为该给予降职处分。

续表

制度名称	岗位调整实施规范	版 次	
		编制日期	

4. 符合劳务派遣公司的其他降职条件。
第 10 条　被派遣员工晋升降职处理程序。
1. 达到上述晋升或降职条件的被派遣员工，用工单位内部审核同意后，由用工单位提出"岗位调动申请表"，交劳务派遣公司客户服务部审核，批准后进行公布。
2. 客户服务部以书面形式通知晋升或降职员工办理工作交接手续，填写"工作交接审签表"。
3. 工作交接手续办理完毕后，被派遣员工到新岗位报到，开始执行新工资标准。

第 5 章　附则

第 11 条　特殊事项说明。
1. 任何人未经审批程序无权对被派遣员工直接进行岗位调整。违者追究执行当事人与其主管领导的责任，按公司有关规定予以处罚。
2. 任何岗位的被派遣员工都不得擅自进行岗位调整。擅自进行岗位调整的，按公司有关规定予以处罚。
3. 各项岗位调整以最终审批结果和时间为准，客户服务部应及时将相关信息知会各有关部门。
第 12 条　本规范由客户服务部制订，其解释权、修订权归客户服务部所有。
第 13 条　本规范自总经理批准后开始实施。

8.4.3　岗位调整注意事项

（1）是否符合法律要求

对于被派遣员工岗位的调整，需要与被派遣员工协商一致后才可调整。对于有特殊情况的被派遣员工，如孕妇、患病或因公负伤在医疗期内的员工应考虑岗位调整的法律风险问题。

（2）专业技术是否够用

被派遣劳动者岗位调整后自身技术能力是否能满足新岗位的要求，劳务派遣公司应密切关注，并及时提供相应培训。

（3）薪资有没有变化

岗位调整伴随的是薪资的变化，薪资升高及降低需要明确告知被派遣员工并取得书面同意，用工单位或劳务派遣公司不得随意降低被派遣员工工资。

8.5 被派遣员工考勤管理工作规范

8.5.1 被派遣员工考勤管理工作流程

被派遣员工考勤管理工作流程如图 8-4 所示。

8.5.2 被派遣员工考勤管理工作标准

（1）考勤责任明确化

劳务派遣公司与用工单位签订派遣协议时需要明确考勤职责，以文字形式将考勤任务进行职责明确。

（2）考勤制度严格化

为了能让被派遣员工按照工作规定时间参加工作、遵守工作纪律，劳务派遣公司在设计考勤制度时要注意制度的全面化和执行的严格化。考勤制度内容包含考勤时间，考勤监管人员，考勤方式，考勤纪律，请假审批程序，迟到、早退、缺勤等处罚规定，考勤档案管理档案等。

（3）考勤方式便捷化

劳务派遣公司应结合用工单位的工作时间、上下班机制选择合适的考勤方式，让考勤方式更加高效便捷，减少对被派遣人员的管理成本。

8.5.3 被派遣员工考勤管理工作要点

（1）考勤制度制订

被派遣人员的考勤制度应由劳务派遣公司的客户服务部与用工单位沟通后制

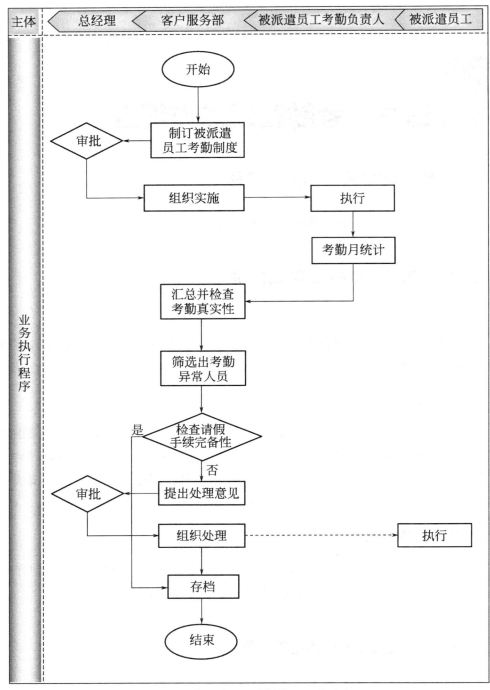

图 8-4 被派遣员工考勤管理工作流程

订，在制订过程中应结合实际情况，需要确定各岗位或用工部门要求的上下班登记时间。在考勤制度制订完成后，客户服务部应联系培训部，培训部对被派遣员工进行相应制度的讲解培训，其中包括缺勤管理的具体处罚事项、考勤未登记解决方法、请假程序等。

（2）考勤方式选择

考勤方式可根据实际工作情况进行选择，尽量减少使用人工统计考勤，可采用指纹考勤系统、移动考勤系统、打卡机等。

（3）考勤结果处理

一旦被派遣人员出现考勤问题，劳务派遣公司需要及时进行处理，以免其他员工效仿。

被派遣员工考核工作规范

8.6.1 被派遣员工考核实施流程

被派遣员工考核实施流程如图 8-5 所示。

8.6.2 被派遣员工考核工作标准

（1）绩效考核数据信息化

绩效考核数据信息化，即劳务派遣公司在考核资料的基础上建立绩效考核数据库，并定期对数据库中的信息进行管理和维护，以实现绩效考核数据的共享，为企业做出相关决策提供数据支持。要建立起信息化程度较高、适用范围较广、安全性能较好、企业使用方便的绩效考核数据库。

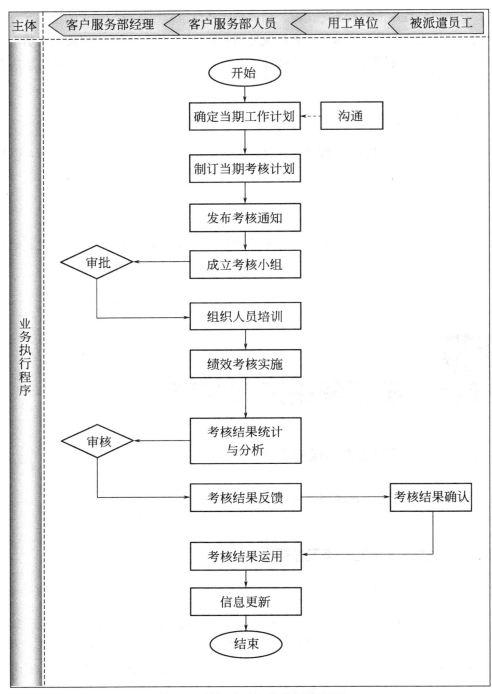

图 8-5 被派遣员工考核实施流程

（2）绩效考核团队高效化

劳务派遣公司考核团队成员之间需要有良好的合作沟通，并能在良好的外部环境支持和优秀的引导下，高效率地朝着目标运转。

8.6.3 被派遣员工考核实施要点

（1）绩效考核数据的收集

绩效考核数据是指在绩效考核中所需要的与被派遣员工绩效考核结果息息相关的各类资料，如工作业绩数据、工作态度数据、工作能力数据等。负责绩效考核的客户服务部人员可以向用工单位的相关人员索要部分数据，并结合抽查法、关键事件记录法等方法收集被派遣员工的绩效考核数据。

（2）绩效考核方法选取

绩效考核是绩效管理的关键环节。在实施绩效考核时，客户服务部可选用的绩效考核方法有序列比较法、关键事件记录法、强制分布法、目标管理法、360度考核法、KPI关键绩效指标法、平衡计分卡等。在选择绩效考核方法时，客户服务部人员应从信度和效度两方面选择适合被派遣员工的考核方法。

（3）考核结果的汇总

考核结果的汇总环节包括计算考核结果、汇总考核结果和分析考核结果三大步骤。负责绩效考核的客户服务部人员要分析考核结果的总体分布状况、考核实施的操作情况和考核存在的问题等。

（4）考核结果的公示

考核结果经汇总、分析后，客户服务部需要着手对考核结果进行公示。在公示之前，客户服务部人员应对考核结果进行再次确认，以防因疏忽导致考核结果登记错误。

8.6.4 被派遣员工考核实施办法

被派遣员工考核实施办法如表8-6所示。

表8-6 被派遣员工考核实施办法

制度名称	被派遣员工考核实施办法	版次	
		编制日期	

第1章 总则

第1条 为规范被派遣员工绩效考核工作，对被派遣员工工作绩效进行管理和评估，制订本办法。

第2条 本考核办法适用于本公司所派遣的需本公司考核的员工。

第3条 绩效考核工作需遵循以下原则。

1. 考核者在进行考核时要客观、公正，不得徇私舞弊，切忌带入个人主观因素或武断猜想。

2. 只对被派遣员工在考核期和工作范围内表现进行考核，不得对此以外的事实和行为作出评价。

3. 考核要客观地反映被派遣员工的实际工作情况，避免因主观偏见等而产生误差。

4. 考核者和被考核者在绩效考核过程中需要进行充分沟通，以确保考核结果的准确、合理。

5. 考核者应及时将考核结果反馈给被考核者，同时应当就考核结果进行说明解释。

第4条 考核职责。

1. 客户服务部。

（1）制订并不断完善被派遣员工绩效考核管理制度。

（2）建立绩效考核指标及考核标准体系。

（3）对考核负责人进行岗位考核培训和辅导。

（4）定期组织实施、推进绩效考核工作。

（5）监控、稽查绩效考核的过程和结果。

（6）接受、协调处理被派遣员工的考核申诉。

（7）负责绩效考核结果的应用管理。

2. 绩效考核负责人。

（1）确定管理范围内的被派遣员工的考核指标、标准及权重。

（2）协助被考核者制订个人绩效目标。

（3）考核实施过程中，与被考核者进行持续沟通，并给予必要的资源帮助和支持。

（4）记录、收集被考核者的绩效信息，为绩效评估提供事实依据。

（5）考核评价被考核者的工作绩效。

（6）与被考核者进行绩效沟通，提出绩效改进建议，共同制订绩效改进计划。

第2章 绩效考核内容与频率

第5条 考核内容。被派遣员工绩效考核指标体系包括以下3个方面。

1. 工作业绩，即本职工作的完成情况，从工作效率、工作任务、工作效益等方面进行衡量。

2. 工作能力，即被考核者胜任本工作所具备的各种能力，从知识结构、专业技能、一般能力等方面进行考核。

3. 工作态度，即被考核者对工作所持有的评价与行为倾向。从工作的认真程度、努力程度、责任心、主动性等方面进行衡量。

续表

制度名称	被派遣员工考核实施办法	版次	
		编制日期	

第6条 考核频率。考核分为月度考核、季度考核、年度考核三种。

1. 月度考核,对被考核者当月的工作绩效进行考核,考核时间为下一个月的××~××日,遇到节假日顺延。

2. 季度考核,对被考核者当季度的工作绩效进行考核,考核时间为下季度第一个月份的××~××日,遇到节假日顺延。

3. 年度考核,对被考核者当年的工作绩效进行考核,考核时间为下年度一月份的××~××日,遇到节假日顺延。

第3章 绩效考核实施

第7条 月度绩效考核。

1. 月度考核分为员工自评和直接上级考评两个环节。

2. 员工自评是员工按照本岗位考核表给自己评分,员工应认真、严肃、客观地进行自评打分。

3. 直接上级考核是直接上级根据员工的当月表现和实际工作业绩给员工进行评分,直接上级应本着对事不对人的客观态度对下级进行评分。为避免对下级可能存在的信息失真,在评分时应适当参照员工的自评情况。

4. 各部门考核负责人提交"××岗位绩效考核表",人力资源部会同部门负责人进行复核,防止人为因素影响考评的客观性。

5. 人力资源部将考核表发给被考核者确认。

6. 被考核者如有异议,由考核者进行再确认,确认工作必须在考核期结束后的第××个工作日内完成。

7. 复核无异议后,人力资源部汇总考核表,统计员工考核得分。

8. 各员工的最终得分=员工自评分×20%+直接上级考核分×80%。

9. 如需要对绩效考核指标和方案进行修订,上报总经理批准后在下个考核周期执行。

第8条 季度绩效考核方法与月度绩效考核方法相同。

第9条 年度绩效考核。

1. 客户服务部统一安排年度考核。

2. 年度考核分员工自评和相关考核负责人评价两个环节。

3. 年度考核期结束后的第××个工作日,客户服务部将考核结果反馈给每个被考核者,报总经理批准和财务部备份。

第4章 绩效反馈与面谈

第10条 绩效考核面谈。

1. 考核结束后,由被考核者和相关考核负责人进行绩效考核面谈,并报客户服务部备案。

2. 面谈时,相关考核负责人应明确指出被考核者工作需要改进的地方,协助被考核者制订改进工作的计划和确认下一阶段绩效工作目标、计划。

第11条 绩效结果申诉。

1. 被考核者对考核结果有异议且与考核者沟通无效,并确有证据证明的情况下可以启动考核申诉程序。

续表

制度名称	被派遣员工考核实施办法	版　次	
		编制日期	

2. 考核结果申诉有两个途径。
（1）越级向考核者上级反映情况。
（2）通过客户服务部反映，客户服务部要在接到被派遣员工考核申诉后____个工作日内给予解决。

第 5 章　考核结果运用

第 12 条　公司将员工考核结果划分为 A 级、B 级、C 级、D 级、E 级 5 等，具体划分标准如下。
　1. A 级，年度绩效考核 90 分及以上。
　2. B 级，年度绩效考核 80 ～ 90 分。
　3. C 级，年度绩效考核 70 ～ 80 分。
　4. D 级，年度绩效考核 60 ～ 70 分。
　5. E 级，年度绩效考核未满 60 分。

第 13 条　工资级别调整。
　1. 对于年度绩效考核为 A 级的被派遣员工，其岗位工资等级在本岗位职级范围内自动升一档。
　2. 对于连续 2 次年度绩效考核达到 B 级的被派遣员工，其岗位工资等级在本岗位职级范围内自动升一档。
　3. 对于年度绩效考核为 E 级的被派遣员工，其岗位工资等级在本岗位职级范围内自动降一档。

第 14 条　员工岗位调整。
　1. 年度绩效考核结果是人力资源部决定员工是否晋升的主要依据，对绩效成绩为 A 级的员工，人力资源部根据公司当时的用人需求情况，制订员工晋升提案，并上报公司管理层。
　2. 年度绩效考核为 E 级的员工，如果被考核者认为在别的岗位能发挥其能力并提高工作业绩，可以考虑进行公司内部岗位调动。

第 6 章　附　则

第 15 条　本办法由人力资源部负责制订和解释，报总经理审批后执行。
第 16 条　本办法自颁布之日起生效。

8.7 被派遣员工休假管理工作规范

8.7.1 被派遣员工休假管理工作标准

（1）法定年节假日执行标准

法定年节假日一年共计 11 天，具体如下。

元旦：1 天，1 月 1 日；春节：3 天，农历正月初一、初二、初三；"五一"国际劳动节：1 天，5 月 1 日；"十一"国庆节：3 天，10 月 1 日、2 日、3 日；清明节：1 天；端午节：1 天，农历五月初五；中秋节：1 天，农历八月十五。法定年节假日调休情况以用工单位或劳务派遣公司提前通知为准。

（2）年假规定标准执行标准

被派遣员工申请年休假，应当向劳务派遣公司提出，由劳务派遣公司与用工单位协商安排。

被派遣员工的年休假天数相关规定与其他用工形式的员工规定相同（职工连续工作满 12 个月以上的，享受带薪年休假）需要注意的是《企业职工带薪年休假实施办法》第十四条规定："被派遣职工在劳动合同期限内无工作期间由劳务派遣单位依法支付劳动报酬的天数多于其全年应当享受的年休假天数的，不享受当年的年休假；少于其全年应当享受的年休假天数的，劳务派遣单位、用工单位应当协商安排补足被派遣职工年休假天数。"

（3）婚假执行标准

凡被派遣员工达到法定婚龄，男 22 周岁、女 20 周岁，可享受 3 天的有薪婚假（具体天数执行用工所在地具体规定）。婚假应在领取结婚证之日起一年内休完。婚假期间，计发基本工资。

(4)产假执行标准

被派遣女员工产假为98天,其中产前休假15天。难产增加产假15天。多胞胎生育的,每多生育1个婴儿,增加产假15天。被派遣女员工怀孕不满4个月流产的,根据医院开具的证明,可享受15~30天的假期;怀孕满4个月以上流产的,可享受42天假期。被派遣女员工产假期间,计发基本工资。

被派遣女员工在劳动合同期限内无工作期间依法享受产假。

(5)护理假执行标准

护理假为15天,被派遣男员工需向劳务派遣公司申请护理假,并告知用工单位,做好工作交接事宜。护理假期间,计发基本工资。

(6)丧假执行标准

被派遣员工本人的直系亲属(指双方父母、配偶、子女)死亡时,被派遣员工可享受5天的丧假,如死亡亲属在外地,需回家料理丧事,可根据实际需要给予路程假,路费自理。丧假期间,计发基本工资。

(7)病假执行标准

病假指被派遣员工因病或非因公负伤需停止工作进行治疗的假期。被派遣员工3天以上的病假应向劳务派遣公司出具医院医生的证明。被派遣员工休病假2天以上至2个月以内的,计发职级工资、保障工资。被派遣员工连续病假2个月,第3个月仍不能正常上班的,根据本人实际工作年限和在劳务派遣公司的工作年限,给予3~24个月的医疗期。医疗期的界定按劳动部《企业员工患病或非因工负伤医疗期规定》执行。医疗期期间的工资待遇如下。

① 医疗期在3个月以内者,从第3个月起计发职级工资和保障工资的80%;医疗期在6个月以内者,从第4个月起计发职级工资和保障工资的70%。

② 医疗期为9个月、12个月、18个月、24个月的员工,其医疗期累计超过6个月时,停发病假工资,改发疾病救济费,疾病救济费的支付标准为职级工资和保障工资的50%。被派遣员工患病或非因公负伤在医疗期内从事第二职业的,终止其医疗期并解除劳动合同。医疗期满者,应凭指定医院证明,申请恢复工作或延长医疗期。

（8）工伤假执行标准

被派遣员工因工负伤，法定的医疗期间工资照发，具体规定参照××市人民政府第××号政府令《××市企业劳动者工伤保险条例》执行。

（9）被派遣员工请假执行审批

一般被派遣员工请假3天（含）以内者，向用工单位相关负责人书面请假，由负责人审批，并在劳务派遣公司客户服务部备案；3~14天者，应填写"请假申请单"，经负责人批准后，劳务派遣公司客户服务部签署意见后，报客户服务部经理审批。被派遣员工按规定提供相关证明至客户服务部，办理请假手续，将工作交接后方可离开岗位，休假期满应立即向原批准部门销假，因特殊情况不能办理请假手续的，应及时致电用工单位及客户服务部，说明缘由，等候后续通知。

8.7.2 被派遣员工休假管理问题解决

（1）"休假交接"问题解决

被派遣员工进行休假时，被派遣员工所负责的任务需要有人交接，并继续完成。被派遣员工休假前不交接或交接不到位都会导致后续工作无法开展。为了能让用工单位的业务开展顺利进行，劳务派遣公司应在劳动纪律中对休假交接做详细规定，包括交接方法和奖惩措施。

（2）"休假申请程序有误"问题解决

在被派遣员工提交休假申请时，由于程序有误可能导致用工单位或劳务派遣公司有一方不知晓被派遣员工休假时，都有可能会造成不必要的麻烦。在被派遣员工入职初期，劳务派遣公司培训部需要针对请假程序进行系统的培训，告知被派遣员工请假流程。在日常实施的过程中，客户服务部也要对此进行密切的跟踪，随时与用工单位沟通联系。

8.8 驻点管理工作规范

8.8.1 驻点管理工作标准

伴随着用工单位对于劳务派遣的接受度越来越高，在单位中采用的劳务派遣员工在一定程度上有所增加，这大大加大了用工单位对被派遣人员的管理难度，为了帮助用工单位解决这一难题，劳务派遣公司可安排相关人员，在用工单位现场驻点对劳务派遣员工进行管理。

（1）驻点管理工作协作化

驻点管理人员需要与用工单位进行及时沟通，完善被派遣员工的管理办法，当用工单位的工作安排进行调整时，驻点管理人员需要联系劳务派遣公司，在公司许可的情况下，及时调整被派遣员工的管理措施，以促进被派遣员工工作的正常化。

（2）安全管理常态化

驻点管理人员在日常管理的过程中，应着重注意被派遣员工劳动过程中的安全管理，将安全管理作为驻点管理的常态化工作进行。

（3）驻点管理工作本土化

驻点管理过程中，驻点管理人员应注意驻点管理方法的本地化，尽量吸取用工单位好的管理办法，让被派遣员工更容易融入用工单位的集体中。

8.8.2 驻点管理关键问题

（1）驻点管理人员职责确定

根据劳务派遣中约定的驻点管理方式来确定派出的驻点管理人员职责。驻点管理人员职责可能包括驻点内新上岗被派遣员工引导、被派遣员工劳动纪律管理、被派遣员工劳动保护管理、被派遣员工劳动关系管理、被派遣员工食宿管理、被派遣员工考核等。

（2）驻点管理沟通机制确定

驻点管理人员在驻点管理的过程中，应逐渐建立与用工单位和被派遣员工的沟通机制。在每月末可与用工单位相关负责人沟通被派遣员工工作情况等，了解派遣用工现在存在的问题，提出相应的解决措施。每周可与被派遣员工开会交流其工作过程中遇到的问题，为被派遣员工排疑解惑，提振精神。

8.9 被派遣员工劳动纪律管理工作规范

8.9.1 被派遣员工劳动纪律管理标准

（1）劳动纪律依据标准

劳动纪律的制订需依据用工单位的相关需求和劳动法律法规的相关要求。客户服务部在针对某次派遣进行劳动纪律制订时可让相关被派遣员工参与讨论，讨论的过程中需要体现出对被派遣员工的尊重，这样劳动纪律更容易让被派遣员工遵守。

（2）管理执行标准

劳务派遣公司在进行劳动纪律检查时，需要坚持定期与不定期检查相结合，普查与抽查相结合的形式进行。定期检查，每周不少于一次，且事先对检查重点检查范围进行通知，促进被派遣员工养成良好的自查机制。

8.9.2 被派遣员工劳动纪律管理规范

被派遣员工劳动纪律管理规范如表 8-7 所示。

表 8-7　被派遣员工劳动纪律管理规范

制度名称	被派遣员工劳动纪律管理规范	版　次	
		编制日期	

第 1 章　总则

第 1 条　为了规范被派遣员工的行为，保证用工单位生产经营活动的正常开展，特制订本规范。

第 2 条　本规范适用于用工单位的被派遣员工纪律管理，下列"员工"均代指"被派遣员工"。

第 2 章　日常劳动纪律

第 3 条　员工上下班实行打卡制度，由员工本人亲自打卡，所有员工一律不准代打卡，打卡的异常情况参照考勤休假制度中的相关规定执行。打卡时间为早 8：30 之前，晚 18：00 以后。

第 4 条　员工上下班不打卡，以缺勤半天扣罚工资；代人打卡每次双方各扣罚＿＿＿＿元。

第 5 条　男员工不得染发、留长发、剃光头、文身，员工着装要求整洁；未当班（休假）的员工进入单位，也应佩戴（或出示）工作牌，以示身份。违者，保安人员均有权阻止其进入，不听劝告进入单位的每次罚款＿＿＿＿元。

第 6 条　员工上班时间不得大声喧哗、打闹、斗殴。对损坏财物、影响生产的每次罚款＿＿＿＿元，情节严重的由单位研究处理。

第 7 条　员工工作期间不得吃零食，严禁睡岗、离岗、串岗、聚众闲聊或干与工作无关的事。

第 8 条　员工发生岗位变动或离职的，应及时、清楚地办理交接手续。不及时办理交接手续，或交接手续不清的，劳务派遣公司将责令其限期办清交接手续。逾期不办或办理不清的，将扣罚＿＿＿＿元，并按自动离职处理。

第 9 条　员工必须遵循"下级服从上级"的原则，服从管理人员的工作安排，并按照工作的安排完成各项生产、工作任务。

第 3 章　员工休假及请假纪律

第 10 条　员工休息日参照每月员工排班表。

第 11 条　员工请假或外出的，必须报经相关领导审批同意后方可。请假 1 天以内的，由＿＿＿＿审批；请假 1 天以上、3 天以内的，由＿＿＿＿审批；请假 3 天以上、5 天以内的，由＿＿＿＿审批；请假 5 天以上的，由＿＿＿＿审批。

第 12 条　请假 1 天以上的，必须提前以"请假单"的形式提出书面申请。提前的时间应与请假时间相等，最多不超过 10 天。临上班时提出，原则上不予批准（病假除外，但休假后须提供有效的医院证明或药费单据）。

第 13 条　未经批准擅自离岗、自行休息、请假超假的，半天以内记旷工半天，超过半工按实际天数记；虽已请假但经确认为请假理由虚假的，收回批准，按旷工处理。

第 14 条　连续旷工 5 天以上按自动离职处理；6 个月内累计旷工达 5 天的，辞退。

第 15 条　员工未经有关领导同意，擅自调整工作时间的、换班的，双方各罚款＿＿＿＿元。

第 4 章　违纪惩罚规定

第 16 条　员工参与赌博活动，一经查获，将给予开除处分，并移交公安机关处理。

续表

制度名称	被派遣员工劳动纪律管理规范	版　次	
		编制日期	

第 17 条　员工之间发生肢体冲突，打人者首先罚款____元，严重或造成恶劣影响的将移交公安机关处理。

第 18 条　严禁员工酒后上班。员工未按规定执行，酒后上班或上班时间内饮酒的，扣罚____元并强制要求其暂离岗位；造成责任事故的，除承担经济赔偿外，根据情节轻重，由单位另行研究处理。

第 19 条　员工偷窃财物，或者把公司及他人财物占为己有或换取钱财的，一经发现，立即追回非法所得，处以被盗物资 10 倍以上且不低于____元的经济处罚，并给予开除处理。给公司造成其他经济损失的，还应承担赔偿责任。情节严重、涉嫌犯罪的，将移交司法机关处理。

第 20 条　对工作中隐瞒、转移、掩盖事故者，罚款____元以上，甚至开除。对工作中犯有明显错误却推诿责任者，追究其原有责任并加重处罚____元/次。

第 21 条　公司员工不得随意打听他人的薪资待遇情况，或是透露自己及他人的薪资待遇情况，否则将处以____元罚款；因此而造成不良影响的，给予开除。

第 5 章　附则

第 22 条　本规范制订权、解释权归人力资源部所有。

第 23 条　本规范经本公司总经理批准后发布执行。

 8.10 被派遣员工劳动保护管理工作规范

8.10.1　被派遣员工劳动保护管理流程

被派遣员工劳动保护管理流程如图 8-6 所示。

8.10.2　被派遣员工劳动保护管理标准

（1）劳动保护依据标准

劳动卫生保护为了保护劳动者在劳动生产过程中的身体健康，避免有毒、有害

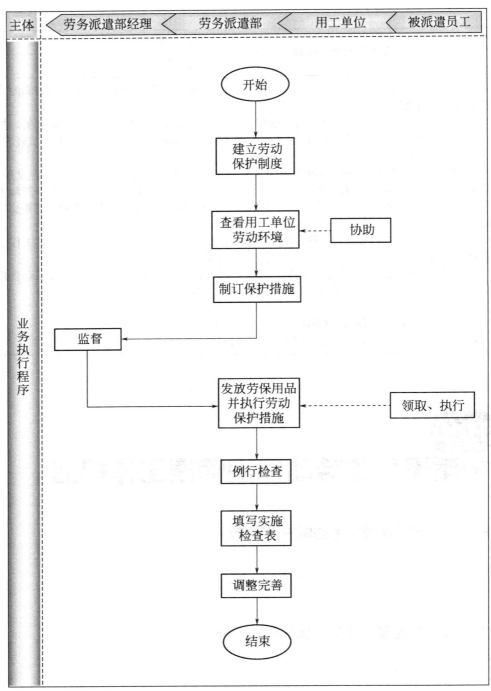

图 8-6 被派遣员工劳动保护管理流程

物质的危害，防止、消除职业中毒和职业病，我国制定了有关劳动卫生方面的法律法规，包括《劳动法》《中华人民共和国环境保护法》《工厂安全卫生规程》《工业企业设计卫生标准》《防暑降温暂行管理办法》《中华人民共和国关于防治尘肺病条例》等。这些法律法规都制定了相应的劳动卫生规程，主要包括防止粉尘危害，防止有毒、有害物质的危害，防止噪声和强光的刺激，防暑降温和防冻取暖，通风和照明，个人保护用品的供给。劳务派遣公司必须按照这些劳动卫生规程监督用工单位达到劳动卫生标准，才能切实保护被派遣者的身体健康。

（2）劳动者健康检查标准

劳动者健康检查主要包括两个方面的内容：一是被派遣员工招聘健康检查；二是被派遣员工定期体检。对新进被派遣员工（包括因调动工作新上岗的被派遣员工）进行从事岗位工作前的健康检查，根据检查结果，对其从事该岗位工作的适宜性与否作出结论。对从事有害工种作业的被派遣员工，劳务派遣公司应定期组织其健康检查并建立健康档案。健康档案应由专人负责按照规定的期限妥善保存。

（3）劳动保护用品管理标准

建立劳动安全保护用品台账及制度。对于已经采购进来的劳动安全保护用品，要及时建立器材管理台账，并建立劳动保护用品管理制度，明确劳动保护用品的使用规范。对于已经投入正常使用中的劳动保护用品，用工单位应定期安排检修、维修和保养，以保证劳动保护用品正常使用。

8.10.3 被派遣员工劳动保护管理要点

（1）劳动保护制度制订

劳务派遣公司需制订劳动保护管理制度，企业劳动保护管理制度主要包括安全生产责任制度、安全技术措施计划管理制度、安全生产教育制度、伤亡事故报告和处理制度、安全卫生认证制度、个人劳动安全卫生防护用品管理制度、劳动者健康检查制度等。劳务派遣公司在制订劳动保护管理制度的同时，还应严格执行各项劳动保护管理制度，做到奖惩分明。

（2）劳动保护宣传

劳务派遣公司应树立安全第一、预防为主的劳动保护观念，预防为主、防重于治。劳务派遣公司还要宣传以人为本的企业劳动安全卫生的价值理念。

（3）未成年人特殊劳动保护

由于未成年工的身体还没有完全发育成熟，从事某些工作会危害生长发育和身体健康。劳务派遣公司不得安排未成年工从事矿山井下、有毒有害、国家规定的第四级体力劳动强度的劳动和其他禁忌从事的劳动。《劳动法》第六十五条规定：用工单位应当对未成年工定期进行健康检查。《未成年工特殊保护规定》也对未成年工的使用在工种、劳动时间、劳动强度和保护措施等方面制定了具体规定，不得安排其从事过重、有毒、有害的劳动或者危险作业。

（4）女职工特殊劳动保护

由于女性生理的特殊性和局限性，劳务派遣公司应遵循国家法律、行政法规的有关规定对女性实行特殊劳动保护。

 被派遣员工工资支付管理工作规范

8.11.1 被派遣员工工资支付操作流程

被派遣员工工资支付操作流程如图 8-7 所示。

8.11.2 被派遣员工工资支付管理标准

（1）依据标准

被派遣员工的工资发放要坚持同工同酬原则，根据被派遣员工的实际考勤情况

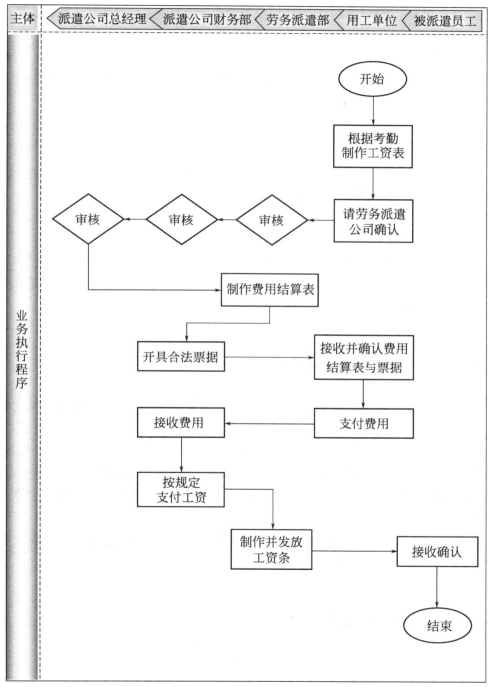

图 8-7 被派遣员工工资支付操作流程

与绩效考核情况，严格按照劳务派遣协议与劳动合同的有关约定计算与发放工资。

（2）票据标准

劳务派遣公司要根据规定按时开具正规的费用票据给用工单位，方便其支付费用，同时确保程序正规合法。

（3）效率标准

劳务派遣公司要在劳务派遣协议以及劳动合同约定的时间点按时发放工资，避免拖欠工资。这要求劳务派遣公司与用工单位协调顺畅，合作效率高。

（4）保密标准

被派遣员工的工资情况、用工单位的考勤核算表与工资表、劳务派遣公司的费用结算表、相关票据等均属于商业机密，有关人员要将以上资料严密保管，避免造成信息泄露，给用工单位与劳务派遣公司造成损失。

8.11.3 被派遣员工工资支付注意事项

① 被派遣员工的工资应以法定货币支付，不得以实物或有价证券等代替货币支付。

② 劳务派遣公司必须在与被派遣员工约定的日期支付，不得故意拖欠工资。若因经营需要等问题确实可能延发工资的，需提前请被派遣员工知晓并解释原因。

③ 劳务派遣公司需要将工资支付的数额、时间、领取者的姓名以及签字等详细记录，并按规定留档一定时间备查。

④ 若被派遣员工存在正当程序的加班或加点情况，劳务派遣公司应按规定安排被派遣员工调休或支付加班工资。

8.11.4 被派遣员工薪酬管理办法

被派遣员工薪酬管理办法如表8-8所示。

表 8-8 被派遣员工薪酬管理办法

制度名称	被派遣员工薪酬管理办法	版　次	
		编制日期	

第 1 章　总则

第 1 条　目的。

为规范公司被派遣员工的薪酬管理工作，充分发挥薪酬体系的激励作用，为员工提供明确、充足的发展空间，实现公司的可持续发展，特制订本办法。

第 2 条　适用范围。

本办法适用于公司所有被派遣员工。

第 3 条　薪酬管理原则。

被派遣员工薪酬管理遵循合法原则、公平原则、经济原则、激励原则、同工同酬原则。

第 4 条　薪酬管理形式。

公司采取年薪制与月薪制结合的薪酬管理形式，根据被派遣员工的岗位特性灵活运用。

第 2 章　薪酬结构

第 5 条　薪酬类别。

被派遣员工根据岗位特性分为两类，即管理类与生产类。

第 6 条　管理类被派遣员工薪酬结构。

管理类被派遣员工薪酬构成 = 岗位工资 + 绩效工资 + 福利 + 奖金。

第 7 条　生产类被派遣员工薪酬结构。

生产类员工分为计时工资与计件工资两类。

1. 计时工资。根据计时标准和工作时间为被派遣员工支付工资。计时类工资总额 = 计时工资 + 福利 + 奖金。

2. 计件工资。根据计件标准和已完成工作任务量为被派遣员工支付工资。计件类工资总额 = 计件工资 + 福利 + 奖金。

第 8 条　岗位工资。

公司根据各岗位的工作特性以及对被派遣员工能力的不同要求，将岗位划分为不同级别，不同级别对应不同的岗位工资。

第 9 条　绩效工资。

被派遣员工月度绩效工资根据员工月度绩效考核结果进行核定，并同岗位工资一起按月发放。

第 10 条　加班工资。

被派遣员工根据工作需要必须加班且不能安排调休的，公司按规定发放加班费，加班费的发放标准严格遵循国家规定。

第 3 章　福利类型

第 11 条　公司按照国家相关法律规定为被派遣员工缴纳养老、失业、医疗、工伤、生育保险与住房公积金。

第 12 条　公司按照国家相关法律的规定放假，被派遣员工享有法定年节假日休息的权利。

第 13 条　被派遣员工享有婚假、丧假等带薪假期，具体按照国家规定执行。

第 14 条　公司为被派遣员工提供____元/工作日的就餐补助。

第 15 条　公司为被派遣员工提供____元/月的住房补贴。

续表

制度名称	被派遣员工薪酬管理办法	版　次	
		编制日期	

第 16 条　公司在传统节假日（春节、元宵节、清明节、端午节、中秋节）为被派遣员工发放____元/人的节假日补贴。

第 17 条　公司每年____至____月为被派遣员工提供高温补贴。

第 18 条　公司为作出突出贡献的被派遣员工发放奖金。

第 4 章　薪酬支付

第 19 条　薪酬发放时间。

当月工资发放时间为次月____日，连同月度绩效奖金及各种福利、补贴一起发放。逢节假日则提前至节假日前的工作日发放。

第 20 号　薪酬发放形式。

所有薪酬均以现金形式发放，并提供工资条。

第 21 条　下列各款项须直接从薪酬中扣除。

1. 员工工资个人所得税。
2. 应由员工个人缴纳的社保费用。
3. 应由员工个人缴纳的公积金费用。
4. 与公司订有协议以及法律法规规定的其他款项。

第 5 章　附则

第 22 条　本办法由____部负责制订、解释和修订。

第 23 条　本办法自颁布之日起生效。

8.12 被派遣员工工伤处理工作规范

8.12.1　被派遣员工工伤处理标准

（1）原则标准

劳务派遣公司必须要根据"预防为主，控制为辅"的原则，建立健全工伤预防防护措施，消除可能引发工伤事故的不安全环境，及时发现并纠正引起事故的不安全行为，将安全生产意识贯彻到每个被派遣员工的行动中。

（2）制度标准

劳务派遣公司应该建立健全工伤事故解决制度和方案，能够保证一旦发生工伤事故能够明确责任利益，做到公平处理，妥善处理。

（3）应急标准

劳务派遣公司建立健全工伤事故应急措施与方案，一旦发生工伤事故，在首先保护事故受害者生命的前提下，根据应急方案将工厂损失控制在最小范围内。

（4）工伤责任认定标准

《工伤保险条例》第四十三条规定："用工单位分立、合并、转让的，承继单位应当承担原用工单位的工伤保险责任；原用工单位已经参加工伤保险的，承继单位应当到当地经办机构办理工伤保险变更登记。用工单位实行承包经营的，工伤保险责任由职工劳动关系所在单位承担。职工被借调期间受到工伤事故伤害的，由原用工单位承担工伤保险责任，但原用工单位与借调单位可以约定补偿办法。企业破产的，在破产清算时依法拨付应当由单位支付的工伤保险待遇费用。"被派遣员工发生意外伤害事故，被认定为工伤的应该由劳务派遣公司承担工伤责任。

8.12.2 被派遣员工工伤处理规范

被派遣员工工伤处理规范如表 8-9 所示。

表 8-9 被派遣员工工伤处理规范

制度名称	被派遣员工工伤处理规范	版 次	
		编制日期	
第1条 目的。 为规范被派遣员工工伤事故处理流程，明确各级人员责任，保障被派遣员工与企业的利益，特制订本规范。 第2条 范围。 本规范适用于公司全体被派遣员工。 第3条 职责。 1. 培训部：负责定期开展安全教育知识培训，加强员工安全意识，严格要求员工按规定佩带劳保用品。			

续表

制度名称	被派遣员工工伤处理规范	版　次	
		编制日期	

2. 客户服务部：被派遣员工发生工伤事故时负责工伤事故报案、认定、理赔整个处理流程。

3. 所有被派遣员工：需有较强的安全意识观念，了解工作的安全隐患处；生产部操机人员必须持证上岗，清楚熟悉所操作机器的危险处；上班时必须集中精神，不开小差，确保个人安全。

第4条　事故处理流程。

1. 一般轻微可以在用工单位内部处理的工伤，由伤者到部门办公室领取医药物品处理，较为严重需急救的由事故部门立即送往工伤定点医院治疗。

2. 发生工伤事故后处理流程。由用工单位于当日24小时内将《工伤报告》提交客户服务部，以便出勤统计及工伤报案，未在24小时内提出《工伤报告》，按派遣协议相关规定执行，所有的《工伤报告》须由总经理签字审核。

3. 被派遣员工医疗终结后，须将所有的医疗费用单据（以工伤定点医院所开出的票据发票）交于客户服务部，住院治疗的被派遣员工要有医院出具的"入院通知单"及"出院证明"。

第5条　保险申报、认定、理赔流程。

1. 工伤申报。

（1）工伤申报时间：必须在事故发生起一个月内申请。

（2）工伤申报需提供的材料："工伤认定申请表"、被派遣员工病历本原件及其复印件、工卡复印件、伤者的身份证复印件、公司公章、医疗发票原件。

（3）"工伤认定申请表"中的受伤简述依据《工伤报告》详细填写完整，由客户服务部经理签名，并让伤者本人在工伤认定申请书上签字并加按指印；然后由劳务派遣公司法人代表签名同意工伤申报。结案时带上本人及报案时所需资料，医疗发票需原件即可结案（处理工伤需带上工伤本人及其真实有效身份证）。

（4）工伤申报时不须带伤者本人，报案结案一起时必须带上伤者本人。

2. 工伤鉴定。

（1）在报案后两个月内，须工伤鉴定的到社保机构开具"工伤鉴定通知单"，依通知单指定医院及指定时间做工伤鉴定。

（2）工伤鉴定后凭"领取鉴定结果通知单"于通知单指定时间到鉴定中心领取鉴定结果。

3. 工伤理赔。

（1）工伤理赔时带齐工伤报案及认定时所有资料，并带上伤者本人，达到评级程度的人员须附带伤者一寸彩照及伤残部位四寸彩照。

（2）对于伤残程度达到评级的，依照法律规定的理赔标准进行理赔，未达到伤残程度的由社保单位将医疗费用直接转账入劳务派遣公司银行账号。

（3）理赔时需带上劳务派遣公司银行账号及伤者本人银行账号。

（4）特别注意：对于CT检查费及其他非工伤所必须的住院医疗费用，必须先报社保中心审批方可进行，急诊需五个工作日后到社保中心补办申请，无审批申请的，社保站不予受理。

续表

制度名称	被派遣员工工伤处理规范	版　次	
		编制日期	

第 6 条　工伤假计算。

1. 一天以下的工伤假只须填写"请假单"注明工伤，经用工单位同意，派遣公司客户服务部审批即可；一天以上三天以内工伤假必须附有《工伤报告》且经用工单位同意审核，派遣公司客户服务部经理批准；三天以上的工伤假须由用工单位及劳务派遣公司总经理核准，未按此程序进行的，概以事假论处。

2. 在医疗终结后休养期间工伤假，伤者须到用工单位报到，由用工单位相关负责人安排力所能及且不影响病情的工作。

第 7 条　本制度从颁布之日起执行。

被派遣员工退回处理工作规范

8.13.1　被派遣员工退回处理标准

（1）被派遣员工退回条件

《劳动合同法》第六十五条规定："被派遣劳动者有本法第三十九条和第四十条第一项、第二项规定情形的，用工单位可以将劳动者退回劳务派遣单位，劳务派遣单位依照本法有关规定，可以与劳动者解除劳动合同。"

《劳务派遣暂行规定》第十二条规定："有下列情形之一的，用工单位可以将被派遣劳动者退回劳务派遣单位：

① 用工单位有劳动合同法第四十条第三项、第四十一条规定情形的；

② 用工单位被依法宣告破产、吊销营业执照、责令关闭、撤销、决定提前解散或者经营期限届满不再继续经营的；

③ 劳务派遣协议期满终止的。"

（2）被派遣员工退回后工资支付

被派遣劳动者退回后在无工作期间，劳务派遣单位应当按照不低于所在地人民政府规定的最低工资标准,向其按月支付报酬。

8.13.2 被派遣员工退回处理规范

被派遣员工退回处理规范如表 8-10 所示。

表 8-10 被派遣员工退回处理规范

制度名称	被派遣员工退回处理规范	版 次	
		编制日期	
第 1 章 总则 第 1 条 为规范本公司被派遣员工退回管理工作,提高退回工作合规性和可控性,特制订本规范。 第 2 条 本规范适用于被派遣员工的退回管理。 第 3 条 制订依据。 本规范制订依据是《劳动法》《劳动合同法》及各省市《劳务派遣管理办法》。 第 2 章 退回形式 第 4 条 用工单位退回被派遣员工的形式按照退回原因和退回时间可以分为以下四种形式: 1. 被派遣员工要求劳务派遣公司召回或者要求用工单位退回。此种情况可能是由于被派遣员工不适应用工单位的劳动条件或者相关管理规定。 2. 用工单位依法退回。此种情况可能是由于被派遣员工不满足用工单位试用期的用工要求或违反用工单位的相关管理规定。 3. 劳动合同规定之外的用工单位退回。 4. 劳动合同到期自动召回、劳务派遣协议到期自动退回。这两种情形无须任何一方同意或者进行劳务派遣更换,但应就劳动合同或劳务派遣协议到期是否支付经济补偿,须在劳务派遣协议中进行约定。 第 3 章 退回条件 第 5 条 派遣协议规定条件。 用工单位与劳务派遣公司签订的派遣协议中应规定被派遣员工的退回条件,退回条件可根据用工单位的具体需求进行协商确定。 第 6 条 法律法规规定条件。 1. 被派遣员工在试用期间被证明不符合录用条件的。 2. 被派遣员工严重违反用工单位规章制度的。 3. 被派遣员工严重失职,营私舞弊,给用工单位造成重大损害的。 4. 被派遣员工同时与其他用工单位建立劳动关系,对完成用工单位的工作任务造成严重影响,或者经用工单位提出,拒不改正的。 5. 被派遣员工以欺诈、胁迫的手段或者乘人之危,使对方在违背真实意思的情况下订立或者变更劳动合同,致使劳动合同无效的。			

续表

制度名称	被派遣员工退回处理规范	版　次	
		编制日期	

6. 被派遣员工被依法追究刑事责任的。

7. 被派遣员工患病或者非因工负伤，在规定的医疗期满后不能从事原工作，也不能从事由用工单位另行安排的工作的。

8. 被派遣员工不能胜任工作，经过培训或者调整工作岗位，仍不能胜任工作的。

9. 劳务派遣协议订立时所依据的客观情况发生重大变化，致使劳务派遣协议无法履行，经用工单位与被派遣员工协商，未能就变更劳务派遣协议内容达成协议的。

10. 依照企业破产法规定进行重整，需要裁减人员 20 人以上或者裁减不足 20 人但占企业职工总数 10% 以上的。

11. 生产经营发生严重困难，需要裁减人员 20 人以上或者裁减不足 20 人但占企业职工总数 10% 以上的。

12. 企业转产、重大技术革新或者经营方式调整，经变更劳动合同后，仍需裁减人员的。

13. 其他因劳动合同订立时所依据的客观情况发生重大变化，致使劳动合同无法履行，需要裁减人员 20 人以上或者裁减不足 20 人但占企业职工总数 10% 以上的。

14. 用工单位依法宣告破产、吊销营业执照、责令关闭、撤销、决定提前解散或者经营期限届满不再继续经营的。

第 7 条　不得退回情况。

1. 从事接触职业病危害作业的被派遣员工未进行离岗前职业健康检查，或者疑似职业病病人在诊断或者医学观察期间的。

2. 在本单位患职业病或者因工负伤并被确认丧失或者部分丧失劳动能力的。

3. 患病或者非因工负伤，在规定的医疗期内的。

4. 被派遣女员工在孕期、产期、哺乳期的。

5. 在本单位连续工作满十五年，且距法定退休年龄不足五年的。

6. 法律、行政法规规定的其他情形。

第 4 章　职责划分

第 8 条　客户服务部。

客户服务部在接收到用工单位的退回申请时，应积极主动确认情况，与用工单位进行沟通，按照规定进行相应操作。

第 9 条　用工单位。

用工单位需要根据相应情况进行相应操作，用工单位需要对退回原因进行举证，不得直接辞退被派遣员工。

第 5 章　退回程序

第 10 条　退回流程。

被派遣员工退回流程应按照以下步骤进行：

1. 用工单位提出退回申请。

2. 劳务派遣公司客户服务部核实退回原因，正常需求退回正常办理；特殊需求退回，协商解决。

续表

制度名称	被派遣员工退回处理规范	版　次	
		编制日期	

　　3.确定退回，由客户服务部接收退回被派遣人员，并进行后续工作安排；确定不能退回，由客户服务部安抚用工单位。
　　第11条　退回资料。
　　退回资料包括："退回申请书""退回资料汇总表""退回确认表""被派遣员工员工档案"等资料。

第6章　附则

　　第12条　本规范由＿＿＿部负责制订、解释和修订。
　　第13条　本规范自颁布之日起生效。

8.14 被派遣员工辞职管理工作规范

8.14.1　被派遣员工辞职管理工作流程

被派遣员工辞职管理工作流程如图8-8所示。

8.14.2　被派遣员工辞职管理工作标准

（1）离职申请

被派遣员工在提出离职申请时，客户服务部要第一时间与用工单位进行沟通，告知其被派遣员工离职意向。

（2）离职交接办理

离职交接是离职手续办理的重要内容之一。劳务派遣公司可通过严格管理离职交接，保证用工单位离职岗位工作的连续性，保证离职岗位工作有条不紊的进行，使用工单位少受或不受人员变动的影响。

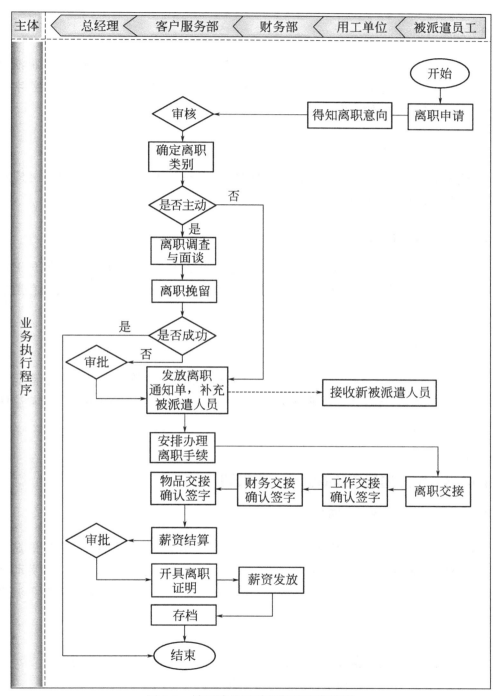

图 8-8　被派遣员工辞职管理工作流程

（3）离职结算

办理结算时，除结算离职员工当月正常考勤应发的工资外，双方还应依据法律法规、政策及劳动合同的约定，就经济补偿金、赔偿金的问题协商一致，并签字确认，以避免劳动纠纷的发生。

（4）人员预备管理

劳务派遣公司的招聘部应有策略地对重点岗位进行人员预备管理，以有效应对重点岗位被派遣人员离职给企业带来的风险。

（5）离职人员后期维护

客户服务部应与已离职被派遣员工做好离职恳谈工作。通过与已离职员工定期沟通等方式，延续对已离职员工的管理工作，可以间接为企业获得大量有用的信息。

（6）资料保存

劳务派遣公司应妥善保管离职文件，在内容及形式上均完整准确记录离职环节。若员工离职后针对公司某项行为提起劳动争议仲裁申诉，公司在文件材料这项应对措施上可有所准备。

8.14.3 被派遣员工辞职管理操作须知

（1）违约金相关法律法规须知

① 被派遣员工支付赔偿金。根据《违反＜劳动法＞有关劳动合同规定的赔偿办法》对劳动者支付赔偿金的情形做出的相关规定。被派遣员工违反规定或劳动合同的约定解除劳动合同，对劳务派遣公司造成损失的，被派遣员工应赔偿劳务派遣公司下列损失。

a. 劳务派遣公司招收录用其所支付的费用。

b. 劳务派遣公司为其支付的培训费用，双方另有约定的按约定办理。

c. 对生产、经营和工作造成的直接经济损失。

d. 劳动合同约定的其他赔偿费用。

② 劳务派遣公司支付赔偿金。在《劳动合同法》及相关法律法规规定的合法情形之外，劳务派遣公司单方面解除或终止劳动合同，即劳务派遣公司违法终止或解除劳动合同时，被派遣员工可以选择要求继续履行劳动合同，或不要求继续履行劳动合同，直接要求劳务派遣公司支付赔偿金。

劳务派遣公司违法终止或解除劳动合同的，被派遣员工如果选择继续履行劳动合同，则无权再要求劳务派遣公司向其支付赔偿金。但是在劳动合同客观上不能继续履行的情况下，则仲裁员或法官可以裁决劳务派遣公司支付赔偿金。

（2）离职面谈内容须知

办理被派遣员工离职需要掌握离职面谈的技巧和内容。被派遣员工离职面谈需要从以下几方面讨论。

① 派遣员工离职的真实原因和导致离职的主要事件。
② 被派遣员工本身对离职原因的解释以及是否有避免离职的方法。
③ 离职被派遣员工对劳务派遣公司当前劳务管理文化的评价。
④ 被派遣员工期望离岗的时间。
⑤ 被派遣员工离职后须保密的相关内容及其他企业须明确的内容。

被派遣员工辞退管理工作规范

8.15.1 被派遣员工辞退管理工作流程

被派遣员工辞退管理工作流程如图8-9所示。

8.15.2 被派遣员工辞退管理工作标准

（1）被派遣员工的辞退条件标准

被派遣劳动者有以下情况之一时，被用工单位退回劳务派遣公司后，劳务派

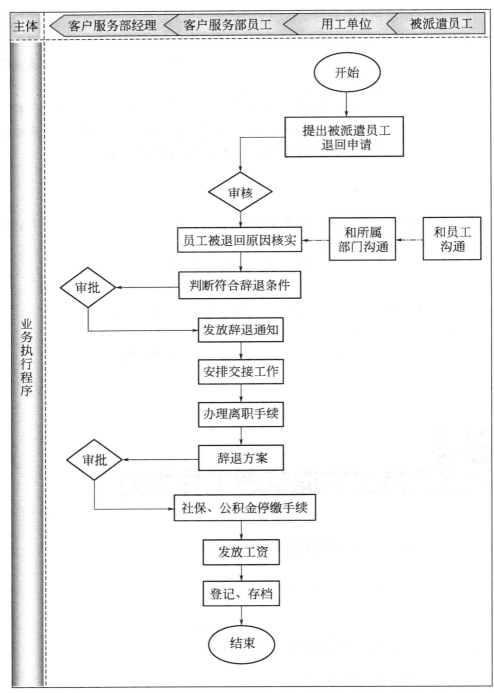

图 8-9 被派遣员工辞退管理工作流程

遣公司可以依法解除劳动合同：被派遣员工在使用期间被用工单位证明不符合录用条件的；被派遣员工严重违反用工单位规章制度的；被派遣员工严重失职，营私舞弊，给用工单位造成重大损害的；被派遣员工同时与其他用工单位建立劳动关系，对完成本单位的工作任务造成严重影响，或经用工单位提出，拒不改正的；因《劳动合同法》第二十六条第一款第一项"以欺诈、胁迫的手段或者乘人之危，使对方在违背真实意思的情况下订立或者变更劳动合同的"规定的情形致使劳动合同无效的；被派遣员工被依法追究刑事责任的；被派遣员工患病或者非因工负伤，在规定的医疗期满后不能从事原工作，也不能从事由用工单位另行安排的工作的；被派遣员工不能胜任工作，经过培训或者调整工作岗位，仍不能胜任工作的。

（2）用工单位后续服务标准

对于用工单位输送的人才发生问题后，需要在被派遣员工被退回后的一周内进行业务回访，针对此问题进行深度分析，并对用工单位进行安抚，保障日后输送高素质人才。

同时劳务派遣公司对组织内部员工的整体素质需要加强培养，针对不同岗位职责，进行相关的技能培训，加强职业道德素养，不断提高遵守规章制度的意识。

（3）辞退工作目标标准

从两个方面考察辞退工作是否达到目标：

首先，辞退过程中是否避免产生劳务纠纷。对被派遣员工进行辞退时，所有流程必须规范统一，合同等相关证明保留妥当，且和员工进行清晰明确的沟通，让被派遣员工自愿签署解约合同，不得以强迫、威胁等手段进行压迫员工。时刻保障劳务派遣公司的企业形象，避免造成不良影响。

其次，用工单位对于辞退工作是否满意。劳务派遣公司和用工单位进行沟通时，以诚恳的态度去协商，尽快弥补用工单位的人才缺口。

（4）相关通报

对于被派遣员工的辞退工作，需在单位内部进行通报警示，再次重申相关规章制度，以此警醒其他员工，避免发生类似事件。

（5）辞退补偿标准

用工单位因《劳动合同法》第四十条第（三）项"劳动合同订立时所依据的客观情况发生重大变化，致使劳动合同无法履行，经用工单位与劳动者协商，未能就变更劳动合同内容达成协议的"、第四十一条规定的用工单位因公司发展进行经济性裁员，将被派遣劳动者退回劳务派遣公司的，劳务派遣公司不得以此为条件，与被派遣劳动者解除劳动合同。

被派遣劳动者在无工作期间，劳务派遣公司应当按照不低于当地最低工资标准，向其按月支付报酬，并按规定缴纳社会保险费。

8.15.3 被派遣员工辞退管理注意事项

（1）合法性

对于被派遣员工的辞退，劳务派遣公司需要按照法律规定处理，满足辞退条件才能辞退被派遣员工。

（2）及时性

符合辞退条件，需在十个工作日内及时处理，否则造成不良后果时，相关人员要承担相应责任。

（3）特殊情况处理

劳务派遣公司维持或者提高被派遣劳动者的劳动报酬、劳动条件、工作时间、休息休假等条件，劳动者不同意被派遣到新的用工单位，劳务派遣公司可以与其解除劳动合同，但应当向劳动者支付经济补偿。

另外，被派遣员工符合下列情形之一的，劳务派遣公司不能依照《劳动合同法》第四十条、第四十一条的规定解除劳动合同：被派遣员工从事接触职业病危害作业未进行离岗前职业健康检查，或者疑似职业病病人在诊断或者医学观察期间的；在用工单位患职业病或者因工负伤并确认丧失或者部分丧失劳动能力的；被派遣员工患病或者非因工负伤，在规定的医疗期内的；被派遣员工是女性职工且在孕期、产期、哺乳期的；在用工单位连续工作满十五年，且距法定退休年龄不足五年的。

（4）规范性

辞退被派遣员工时，需提前 30 天以书面的通知形式或面谈通知以及工会的预先告知问题等，要保证流程的规范性和合法性。

第9章

财务管理工作规范

9.1 派遣费用收费工作规范

9.1.1 派遣费用收取流程

派遣费用收取流程如图 9-1 所示。

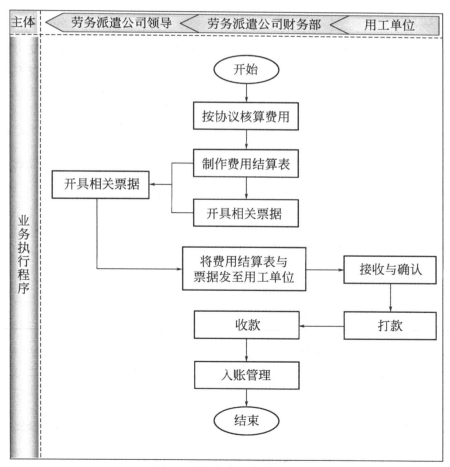

图 9-1　派遣费用收取流程

9.1.2 派遣费用收取工作须知

派遣费用收取,直接关系到劳务派遣公司的经济利益,其重要性不言而喻,劳务派遣公司收取派遣费用时需要注意以下内容。

(1)按规定合法收取

主要包括两方面内容:劳务派遣公司向用工单位收取的管理费用不得超出国家或地方规定的标准上限;劳务派遣公司在任何时候不得向被派遣员工收取任何费用。

(2)及时收取

劳务派遣公司需要将费用及时收取来获得利润,特别是劳务派遣协议约定由劳务派遣公司履行被派遣员工的公司发放、保险缴纳等义务时,若费用收取不及时则可能造成拖欠工资、保险断缴等情况。

(3)票据正规

劳务派遣公司在收取派遣费用之前和之后都会产生财务票据,劳务派遣公司要按规定开具正规合法的票据,作为公司财务核算的依据。

9.1.3 派遣费用收取服务规范

派遣费用收取服务规范如表 9-1 所示。

表 9-1 派遣费用收取服务规范

制度名称	派遣费用收取服务规范	版 次	
		编制日期	
第 1 章 总则			
第 1 条 目的 为规范公司派遣费用收取业务秩序,确保派遣费用收取工作顺利开展,避免给公司带来经济损失,特编制本规范。			

续表

制度名称	派遣费用收取服务规范	版　次	
		编制日期	

第 2 条　适用范围
本规范适用于公司派遣费用收取相关业务。

第 2 章　服务规范

第 3 条　费用来源
派遣费用主要是用工单位向公司支付的劳务派遣管理费用，用于被派遣员工的招聘、培训、保险缴纳、档案管理等项目。

第 4 条　收费标准
原则上按照每人每月＿＿＿元的标准收费，具体细则参考公司与用工单位的劳务派遣协议有关约定。

第 5 条　收费形式
根据劳务派遣的不同形式，本公司提供两种费用收取形式，而具体采用何种收费形式则参考劳务派遣协议。

1. 用工单位直接支付工资给被派遣员工，但将保险费用、公积金费用、管理费用等交由公司支付。

2. 用工单位将工资、社保费用、公积金费用、管理费用等所有费用均支付给公司，由公司代为发放、缴纳与管理。

第 6 条　收费程序
派遣费用的收取一般按照以下程序进行。

1. 按照劳务派遣协议有关约定，核算被派遣员工的劳务派遣管理费用。

2. 当劳务派遣协议约定由本公司发放被派遣员工工资时，则根据被派遣员工的考勤情况以及与被派遣员工签订的劳动合同相关规定，核定被派遣员工的工资、福利、奖金等费用。

3. 制作费用结算表，包括被派遣员工薪酬福利、管理服务费及产生的其他费用，提交用工单位确认。

4. 开具符合法律规定的票据送达用工单位。

5. 督促用工单位按劳务派遣协议约定日期支付相关费用。

第 3 章　附则

第 7 条　若发生不在本规范之内的其他特殊情况，按照国家法律法规、公司相关规定以及劳务派遣协议有关约定执行。

第 8 条　本规范由＿＿＿部负责制订、解释和修订。

第 9 条　本规范自发布之日起实施。

9.2 派遣费用结算工作规范

9.2.1 派遣费用结算工作标准

劳务派遣费用结算工作一般遵守以下标准。

（1）时间标准

劳务派遣公司按照劳务派遣协议有关约定按时与用工单位结算派遣费用。

（2）票据标准

劳务派遣公司要依法开具符合规定的财务票据。

（3）金额标准

劳务派遣公司要确保结算的派遣费用金额正确无纰漏。

（4）程序标准

劳务派遣公司要采用符合规定的程序与方式收取与入账派遣费用。

9.2.2 派遣费用结算注意事项

劳务派遣公司结算派遣费用时需要注意以下内容。

（1）费用来源合理

劳务派遣公司结算费用时要特别注意费用来源，确保付款方是通过规范操作与正确途径支付费用。

(2）费用总额正确

劳务派遣公司要仔细核算派遣费用总额，确保派遣费用正确。

（3）入账规范

劳务派遣公司要按规定对派遣费用进行入账，确保会计科目正确规范。

9.3 账务处理工作规范

9.3.1 账务处理工作要求

劳务派遣公司在进行账务处理时，要注意以下要求。

（1）账务核算真实客观

劳务派遣公司必须以实际发生的经济业务及相关合法凭证为依据，如实处理公司账务。

（2）账面适应性强

处理好的账务报表应清晰、简明、便于理解和利用，能满足各类需求，如应当满足国家机关审查账务的需求，若为上市公司要满足市场监察企业财务状况和经营成果的需要，还需满足企业内部经营管理的需要。

（3）账务处理迅速及时

账务处理工作要讲求实效，应及时进行，以方便账务信息得以及时使用。

（4）坚持权责发生制原则

公司经营产生的所有费用的确认应当以实际发生作为确认计量的标准。凡是本期已经实现的收入和已经发生或应当负担的费用,不论款项是否收付,都应作为本期的收入和费用处理;凡是不属于当期的收入和费用,即使款项已经在当期收付,也不应作为当期的收入和费用。

(5) 以历史成本为准

劳务派遣公司产生的各项费用都应以费用发生时的实际成本进行核算,不考虑市场价格变动的影响。

9.3.2 账务处理操作规范

账务处理操作规范如表 9-2 所示。

表 9-2 账务处理操作规范

制度名称	账务处理操作规范	版　次	
		编制日期	
第 1 章　总则 第 1 条　目的 　为规范公司账务处理工作秩序,确保公司账务处理科学合理,规避公司财务风险,特编制本规范。 第 2 条　适用范围 　本规范适用于公司账务处理相关工作。 第 2 章　操作规范 第 3 条　受理原始凭证 　1. 各部门定期按时持填写完整规范且审批通过后的原始单据至财务部相关人员处报账。 　2. 公司财务部相关人员受理公司各部门产生的原始单据。 第 4 条　审核原始凭证 　财务部有关人员根据公司有关规定,对各原始凭证进行审核。主要审核原始凭证内容是否完整、有无字迹错误、金额是否准确、是否盖有相应专用章等。 第 5 条　填制记账凭证 　财务人员根据公司有关规定,对审核通过的原始凭证填制记账凭证,记载经济业务简要内容,确定会计分录,作为记账依据,并附上原始凭证。 第 6 条　审核记账凭证 　1. 财务部有关人员审核填制的记账凭证,主要审核内容为:所使用的会计科目是否正确、所列金额是否正确、所附原始凭证的审批手续是否齐全等。 　2. 审核通过后应在相应位置加盖专用章,打印记账凭证,将其连续编号,请财务负责人签字盖章。			

续表

制度名称	账务处理操作规范	版　次	
		编制日期	

第 7 条　办理收付款项
记账凭证审核通过后,财务部相关人员对外办理收付款项事宜,收付完毕后应在相应位置加盖"收讫""付讫"戳记。

第 8 条　登记现金与银行记账
1. 公司财务管理系统会自动生成现金日记账与银行日记账,财务管理人员每个保障日结束都要核对现金日记账余额与库存现金,确保两者两符。
2. 每月末,财务人员要根据银行的对账单核对账目,保证账目准确。

第 9 条　结账
1. 财务人员定期按照公司财务管理有关规定结账。
2. 将各类财务账单、报表打印输出,请有关领导签字确认。

第 3 章　附则

第 10 条　若发生不在本规范之内的其他特殊情况,按照国家法律法规及公司相关规定执行。

第 11 条　本规范由____部负责制订、解释和修订。

第 12 条　本规范自发布之日起实施。

9.3.3　账务处理关键事项

财务问题是企业风险高发地,企业应当密切注意账务处理问题,务必做到准确规范。下面介绍一些账务处理工作中应重点关注的关键事项。

（1）会计科目问题

会计科目确定问题是一个比较常见且典型的问题,公司财务人员在确定会计科目时一定要按照有关规定进行操作。

（2）税务问题

一般重点关注的税务问题如下。

① 各类非增值税项目、免征非增值税项目、集体福利、非正常损失等是否按规定作进项税额转出处理。

② 向目标客户收取的各类价外费用如手续费、违约金、运输费、装卸费等是否按规定纳税。

③ 是否存在虚开发票、虚列人工成本等虚增成本现象,是否存在使用不符合

税法规定的发票或凭证等情况。

④ 是否存在未按税法规定年限进行计提折旧、随意变更固定资产净残值和折旧年限、不按税法规定折旧方法计提折旧等问题。

⑤ 是否存在计提职工福利费、工会经费及职工教育经费超过计税标准却未进行纳税调整的现象，是否存在超标准、范围为职工缴纳社会保险和住房公积金却未进行纳税调整的现象。

（3）账务信息资料保管问题

公司账务信息属于核心机密，相关财务人员必须坚守职业道德，不泄露公司账务信息，妥善保护公司机密，维护公司合法利益。

第10章

纠纷处理工作规范

10.1 劳动纠纷处理工作规范

10.1.1 劳动纠纷处理工作标准

(1) 范围标准

根据法律法规的规定,下列情况属于劳动争议纠纷的范围。
① 因确认劳动关系发生的争议。
② 因订立、履行、变更、解除和终止劳动合同发生的争议。
③ 因除名、辞退和辞职、离职发生的争议。
④ 因工作时间、休息休假、社会保险、福利、培训以及劳动保护发生的争议。
⑤ 因劳动报酬、工伤医疗费、经济补偿或者赔偿金等发生的争议。
⑥ 法律、法规规定的其他劳动争议。

(2) 原则标准

劳务派遣公司处理劳动纠纷应遵守以下原则。
① 公平合理原则:劳务纠纷的处理应做到公正、平等,尽力维护劳务派遣公司与被派遣员工的合法权益,防止因处理不当导致员工关系恶化。
② 合法原则:劳务纠纷的处理应遵守有关法律法规,以法律法规为依据。
③ 协商一致原则:在协商、调解的基础上,劳务派遣公司应尽量与被派遣员工达成一致,避免发生劳动仲裁或诉讼。
④ 及时处理原则:发生劳动纠纷后,劳务派遣公司应及时处理,防止劳动纠纷问题严重化。

(3) 程序标准

劳务派遣公司处理劳动纠纷的程序如下。

① 填写"劳动纠纷处理申请表"。发生劳动纠纷后,被派遣员工首先填写"劳动纠纷处理申请表",然后及时提交至人事行政中心。

② 调查、研究。人事行政中心接到"劳动纠纷处理申请表"后,应立即开展调查工作,了解实情,明确责任。

③ 协商和解。人事行政中心调查完事情后,与申请劳动纠纷处理的被派遣员工协商解决方案,协商一致后签订劳动纠纷调解协议书。若协商不一致,人事行政中心应立即将此纠纷事件移交劳动争议调解委员会。

④ 调解。劳动争议调解委员会接到纠纷处理申请后,应立即制订调解处理方案,然后对申请劳动纠纷处理的被派遣员工进行调解,若调解不成,则可申请劳动仲裁。

⑤ 申请仲裁。劳动纠纷双方有任意一方不愿调解、调解不成或者达成调解协议后不履行的,可以向劳动争议仲裁委员会申请仲裁;对仲裁裁决不服的,可以向人民法院提起诉讼。

10.1.2　劳动纠纷处理注意事项

劳务派遣公司处理与被派遣员工劳动纠纷时应注意以下事项:

(1) 证据的收集

根据相关法律法规,因用工单位作出的开除、除名、辞退、解除劳动合同、减少劳动报酬、计算劳动者工作年限等决定而发生的劳动争议,用人单位负举证责任。

当劳务派遣公司与被派遣员工发生劳动纠纷时,往往难以在有限的时间内将相关证据收集齐全,因此,劳务派遣公司需在日常工作中,做好以下资料的收集,以防发生劳动纠纷。

① 劳务派遣公司需将本单位和用工单位的规章制度、派遣期限、工作岗位等情况告知被派遣员工,并留有被派遣员工的签字确认。

② 被派遣员工入职前务必做好背景调查,避免被派遣员工在用工单位出现无法胜任工作的现象。

③ 工资支付凭证或记录、缴纳各项社会保险费的记录。

④ 被派遣员工入职时填写的招聘登记表、报名表等记录。

⑤ 被派遣员工在用工单位的工作能力、奖惩状况、考勤等材料。

(2) 协商沟通技巧

出于缓和与员工之间的矛盾、维护良好形象、避免对簿公堂、快速妥善解决纠纷等原因，在发生劳动纠纷后，公司一般都优选协商调解这一方式。为确保协商调解劳动纠纷顺利进行，公司应掌握以下协商沟通技巧。

① 同理心，站在被派遣员工的角度去沟通，以人生的相似经历为突破口。

② 熟练应用法律知识解释被派遣员工的认识误区，帮他们去分析事件的利弊，间接表明公司对此事件的态度。

10.2 商业信息泄密纠纷处理工作规范

10.2.1 商业信息泄密纠纷处理工作标准

(1) 判断标准

劳务派遣公司商业信息泄密是指离职或者在职员工向他人透露公司相关信息。向他人透露下列信息之一的，应属于商业信息泄密。

① 公司的经营信息，包括经营策略、客户名单、员工档案、管理诀窍等。

② 公司的技术信息，包括技术资料、信息、计算机软件、专有技术、设计方案等知识产权。

③ 劳动合同和公司保密协议中规定的其他情形。

(2) 参照标准

劳务派遣公司处理商业信息泄密纠纷事件主要参照以下文件：

①《公司商业信息泄密纠纷处理操作规范》。

②《公司保密协议》。

③《反不正当竞争法》。

④《中华人民共和国劳动合同法》。
⑤《中华人民共和国刑法》。

10.2.2 商业信息泄密纠纷处理操作规范

商业信息泄密纠纷处理操作规范如表 10-1 所示。

表 10-1 商业信息泄密纠纷处理操作规范

制度名称	商业信息泄密纠纷处理操作规范	版　次	
		编制日期	

第 1 章　总则

第 1 条　目的
为提高劳务派遣公司商业信息泄密纠纷处理能力，最大限度地减轻商业信息泄密事件的危害，维护劳务派遣公司的商业信息，特制订本规范。

第 2 条　适用范围
本规范适用于本公司商业信息泄密纠纷处理工作。

第 3 条　责任分工
1. 人事行政中心负责对商业信息泄密事件进行调查、取证、收集、整理，提出对泄密人员的处理意见。
2. 法律部负责对证据资料进行审查，并提出法律意见或建议。
3. 总经理负责对泄密人员处理意见的审批与决策。

第 2 章　商业信息泄密纠纷处理程序

第 4 条　调查取证
人事行政中心负责对商业信息泄密纠纷进行调查取证。商业信息泄密纠纷事件调查所能提取的证据材料主要为：违反竞业限制证据、买卖商业信息证据、泄露商业信息证据、因侵犯商业信息而非法获利等证据方面。

第 5 条　收集整理证据
人事行政中心安排专人对所调查的证据材料进行整理、分析，填写商业信息泄密纠纷处理审批表，提交至法律部审查。

第 6 条　制订处理方案
法律部对人事行政中心提交泄密纠纷事件的相关证据材料进行审核，提出法律意见或建议。人事行政中心根据事件调查的结果及法律部的意见，制订商业信息泄密纠纷处理方案，并提交给总经理审批。审批通过后按方案处理纠纷。
涉嫌下列情形之一的，应予以报案处理：
1. 给本公司或用工单位造成损失数额在____万元以上的。
2. 因侵犯本公司或用工单位商业信息违法所得数额在____万元以上的。
3. 致使本公司或用工单位破产的。

续表

制度名称	商业信息泄密纠纷处理操作规范	版　次	
		编制日期	

第 3 章　附则

第 7 条　本规范由人事行政中心负责制订、修改与解释。
第 8 条　本规范经总经理签字批准后实施。

参考文献

［1］王军，高尚. 劳务派遣服务操作实务手册. 北京：化学工业出版社，2018.

［2］吴立宏. 劳务派遣风险管理与实务操作全书. 北京：中国法制出版社，2013.

［3］王丽平，何非，时博. 劳务派遣. 北京：经济管理出版社，2012.

［4］中国对外服务工作行业协会. 劳务派遣必知必会法律手册. 北京：中国劳动社会保障出版社，2000.

［5］白永亮，李海明. 劳务派遣法律规制的理论与实务. 北京：法律出版社，2017.